风住尘香，你在心房

泠艺萱 著

中国友谊出版公司

图书在版编目（CIP）数据

风住尘香，你在心房 / 泠艺萱著. -- 北京 ：中国友谊出版公司，2018.7

ISBN 978-7-5057-4404-2

Ⅰ. ①风… Ⅱ. ①泠… Ⅲ. ①爱情－通俗读物 Ⅳ. ①C913.1-49

中国版本图书馆CIP数据核字(2018)第134369号

书名　风住尘香，你在心房
著者　泠艺萱
出版　中国友谊出版公司
发行　中国友谊出版公司
经销　新华书店
印刷　北京中科印刷有限公司
规格　880×1230毫米　32开
　　　8.75印张　140千字
版次　2018年9月第1版
印次　2018年9月第1次印刷
书号　ISBN 978-7-5057-4404-2
定价　39.80元
地址　北京市朝阳区西坝河南里17号楼
邮编　100028
电话　（010）64668676

愿所有的喜欢，都能成为欢喜

——自序

嘿，你好呀！

也许这是你第一次看到我写的文字，所以在这本书前面，我想跟你聊两句，聊聊这本书，也聊聊我自己。

这本书里的故事，有一些是我年少的经历，也有一些这些年的回忆，更多的是来自身边朋友的讲述，我尝试着用我的笔把它们一点点呈现在你眼前。

我见过很多喜欢成就良缘，也见过不少深情只剩陌路。

世界上就是有一些人，足够幸运，在正确的时间遇到对的人，谈一场不分手的恋爱；也有一些人，不太幸运，爱错一个人，生命里多了一些痴缠。

多数人的爱情就是这样，年少的暗恋或许无果，初恋也很少能伴你一生，经历的感情多了，才渐渐明白，有些人真的只是陪你成长的。那些年少时孤注一掷的勇气，也会渐渐失去，我们终会醒悟：感情来了，便好好爱；它若离开，就该潇洒放手。

最糟糕的结局，不是分开，而是迷失了自己。

生活中的每一个人也都会经历痛苦或者欢笑，走过那些难挨的日子，再回头看看，其实也没什么大不了的。正因为如此，活着反而有了更多不同的体验。不至于，老了回忆起来，生活只是无数个相似日子的累积。

对我而言，每一个爱情故事，都会有一个结局，要么长久相伴，要么中途离散。但每一个爱情故事中，都有温暖的回忆，那些温暖，是过去最好的记忆。

嗯，说了这么多，大概你也感受到了，这就是一本关于“爱”的书。希望你读它，也能读出爱的本意。

但凡有一句话戳进了你心里，我都已经心满意足。

最后，很高兴这本书能让我们相遇！谢谢你来过我的世界！

目录 CONTENTS

第一辑 你不知道，我喜欢你好多年

不是每一场青春都有一个惊天动地的结尾，不是每一段爱恋都有一个完美的结局。多年以后，兵荒马乱的青春岁月以及那些为爱而奋不顾身的冲动都淹没在喧闹中，一切的一切，都随着绚丽的烟花消散，了无痕迹。一路跌跌撞撞走来，曾经那个胆怯、羞涩、压抑的自己，在某个时间点忽然变了样，终于明白，你曾经得到或者失去的，都在一定程度上造就了今天勇敢的你。

第二辑

一生那么长，相爱又何妨

十八岁的时候，我们愿意无条件追随一个人。二十八岁，再也不敢轻易说等待。终于发现，心里爱的是谁，也明白，有的情感不过是掺杂着不甘。喜欢常常不持久，因爱生出许多挑剔，然后渐渐陌路。遇见爱情后，我没有哪一刻比现在更清醒和坚定。爱情很讨厌，也很自私，但你若在，岁月静好，安暖相伴。

第三辑

最美的相遇，始于年少，止于终老

所有的情侣都躲不过彼此争执、冷战，直至精疲力竭。其实这并不可怕，可怕的是没有人愿意先投降。不低头的人哪里是情商太低，只是笃定对方不会离开，所以才懒得经营。两人间的关系就是这般微妙，以为矛盾不断容易让爱情死亡，却因互相在乎拉近了彼此的距离，仿佛冥冥之中注定了什么一样。原来，爱一个人，就会想方设法投其所好，即使两个人隔了山隔了海，也一样视对方为掌中宝。

第四辑 有些事，总要学会自己慢慢适应

有些人的心就像公交车站，雷打不动地待在原地守候，可等来的却是一次又一次的分离。我们常犯的一种错误是，感受到温暖就忘记了爱情寒冷的一面，看到爱情的冰凉就忘记给自己阳光。其实，短暂的陪伴不过是让你知道，这段关系根本不重要，重要的是你能在这样一段关系里，学会怎么爱人以及拥有爱人的能力，明白这个世上还有很多东西是值得你去靠近、去保护的。

第五辑

世界还都那么小，让我们单纯好不好

这世界不看好我们在一起的那么多，也不在乎再多几个，即使前方道路曲折，也不会停下脚步，因为你在，一切都变得不那么艰难。时隔多年，重温往事，牵着彼此的手，仿佛能看到永远。绚烂至极归于简单，声势浩大止于平淡，那爱里没有任何杂质，那般纯净，就像雨后的茉莉，久久弥留于心。如此生活，温馨安心。

第一辑
你不知道，我喜欢你好多年

不是每一场青春都有一个惊天动地的结尾，不是每一段爱恋都有一个完美的结局。多年以后，兵荒马乱的青春岁月以及那些为爱而奋不顾身的冲动都淹没在喧闹中，一切的一切，都随着绚丽的烟花消散，了无痕迹。一路跌跌撞撞走来，曾经那个胆怯、羞涩、压抑的自己，在某个时间点忽然变了样，终于明白，你曾经得到或者失去的，都在一定程度上造就了今天勇敢的你。

你所有的痴心，都源于妄想

（一）

小雨淅沥，刘媛独自走在回家的路上，偶尔一对情侣共撑一把伞从身边匆匆走过，惆怅不知从何处蔓延过来。这样的天气，还要赶回家吃饭，她有点心烦。

“说了多少次了，我不去相亲，您给推掉吧！”刘媛又一次拒绝了母亲的安排。

饭桌上一下子陷入死一般的沉寂，直到这顿晚饭结束，刘媛也没有笑一下。

“对了，爸，我下个月要出差。”妹妹刘素临走前说了一句。

老刘无奈地摇摇头，摆了摆手不打算再说什么，这两个女儿真是让他操碎了心。而今大了，个个跟断线的风筝一般，完全不在他规划的未来之内。

刘媛送妹妹到楼下，轻声问："你什么时候带你男朋友回来？爸今天可有点不高兴。"

"等我出差回来吧。"妹妹挽着刘媛的胳膊，"对了，姐，你刚回国，不知道爸妈这几年特别爱唠叨，你听听就好，我走了啊。"说完跟刘媛挥了挥手就走了。

送走刘素，刘媛忽然觉有些疲惫，瞟了眼客厅，两个老人还在看《生活麻辣烫》的节目。她进卧室拿出米黄色的睡袍走进浴室，打开花洒，任水淋湿全身。她闭眼仰头，热水顺着脸滑过脖子、后背，最后蔓延至脚背。

擦干身子，望着镜子里还算白皙的胴体，大抵是刚洗过的缘故，轻染一丝粉红，显得娇羞无比。刘媛麻利地套上睡袍，轻带上门，走向沙发。

"妈，我知道您跟爸是为我好，但我不想相亲。"刘媛看着母亲脱口而出。

"行了，刚回来不久，这个不急。"老刘看了一眼刘媛，转头又对老伴儿说："你啊，净操心这些有的没的，她自己心里有数。”

“心里有啥数？这么多年还忘不了那混账小子，我不操心，你管？天天就知道窝在麻将馆……”刘母也憋不住心里话。

刘媛听着父母你一言我一语地吵着，心情糟糕透了，“我先去睡了”。

二人没听见刘媛说什么，直到她房门关上，刘母才停下说了一半的话，然后愤然回房。

（二）

这是刘媛上班后第一次回家过夜，不过照这样下去，她是真心不愿回来。怪不得，妹妹攒够了钱就买房子自己住，天天在他们的争吵中生活，不难受才怪。

刘媛有时候真的挺羡慕妹妹刘素的，有一个疼自己的男朋友，一所不大但温馨的房子，一份高薪而稳定的工作。好像未来完全掌握在自己手里，想不幸福都不行。

“刘媛，刘媛……”有人拼命跟在她身后喊，于是她又加快了脚步。

“我们恋爱吧。”那人忽然快步跑上前，挡住她的去路。

“你有病吧？”刘媛彻底怒了。

“我是认真的……”那人觉得委屈。

“请你认真地——滚——开！”刘媛故意提高了后两个字的音量。

“喂……你等等我！”

刘媛猛地坐起，又是梦，她看看窗外，天还没亮，她从床头柜拿过手机，轻轻按下侧面的按键，才凌晨三点，看来今晚又要失眠了。

她重新躺回床上，翻来覆去怎么也睡不着，脑海中又浮现出刚才的画面。梦里那个人叫金世泽，她的大学校友，高她两届。

2004年，杭州大街小巷的电视机里都在播放和雅典奥运会有关的信息，但刚上大学的刘媛是个运动白痴，对此并不关注。

那天，刘媛刚进图书馆大门，金世泽正举着手机风风火火往外跑，“你快出来，马上就是乒乓球，嗯，快……”然后，两个人就撞在一块了，刘媛手里握着的整杯奶茶洒了大半杯，金世泽的手机也被撞落掉地。金世泽不是一个绅士，他匆忙捡起手机，然后跟刘媛说了句“对不起”就跑下台阶。

“喂，你弄洒了我的奶茶。”刘媛冲着他的背影大声喊道。

有去图书馆的学生回头快速一瞥，又各自离开。没有人凑热闹，也没有人看笑话，大家都忙各自的，哪还顾得上这样的小事。

金世泽听见她的喊声，脸色不太好，从钱包取出一张五十元的人民币，转身跑向她：“我赔你，成不？”说这句话时，他露出鄙夷的神色。

“你去给我重新买一杯。”刘媛没有接钱，不急不缓地说。

“你说什么？”金世泽满脸惊讶，他从来没见过这么不识好歹的女生。

“我说你去重新买一杯，原——味——”她耸耸肩，说完便开始用纸巾擦拭地面的水渍。

“莫名其妙。”金世泽丢下一张人民币就转身逃掉。

刘媛捡起那张纸币，放进小背包，狠狠地骂了句：“神经病。”

那天有很好的阳光，像凝在蓝色琉璃中的金箔，是2004年夏天最耀眼的一天。

（三）

刘媛怎么也没想到，母亲会让张阿姨带着那个男人来家里。所以在他自我介绍完后，刘媛谎称去洗手间，趁机发信息给闺蜜让她在五分钟以后打电话过来救场。

刘媛心不在焉地听着他们三人交谈，脸上露出一副职业性的微笑，心里早就急成热锅上的蚂蚁，手也不自觉地攥紧了手机。

“刘小姐，你不舒服？”男人看出刘媛的异样，关切地问，显然他对她很满意。

“没……”正想着开口说点什么，手机适时响起，刘媛看了一眼号码，皱了下眉，“不好意思，我接个电话。”

“啊？什么？那好，我马上过来。”刘媛一副急切的样子，“妈，我得出去下，学生出事了。”

男人的脸色不大好，但还是强作镇定，毕竟面子不能丢。

刘媛在小区门口拦了一辆出租车就匆忙赶去学校，一路上都在抬手擦汗，怎么还不到，她焦急地说：“师傅，麻烦你再快点。”

“不能再快了，双休日这条路挤得很。”司机淡定地说。

刘媛不再催司机，但心里好乱。她迅速掏出手机，颤抖着手拨出电话，响了很久，直到自动挂断都无人接听，重拨，还是没人接，直到第九次才接通。

“王主任，安排好了吗？”刘媛着急地问。

“……”可是她根本听不清电话那头在说什么。

“王主任……喂，王主任……”刘媛无奈只好挂断电话。

眼看着只剩最后一段路，裕安街却堵得水泄不通，刘媛只好付钱下车跑过去。赶到医院大门，跟护士打听消息，然后往抢救室跑。

“人怎么样？”刘媛刚跑近，就问一个大个子男老师。

“还在抢救，估计……”他叹息着摇了摇头。

“王主任，我……”刘媛打算开口说什么。

“不是你的责任，我刚通知了他的家长，具体怎么解决，再说吧。”王主任皱着眉说。

这是刘媛参加工作一周以来遇到的最棘手的事，学校周六私自补课，本来就是违规，她班里的学生又跟老师起了冲突，然后跳楼自杀，她还刚好上午请假没上班。命运对她开了如此大的玩笑，她班主任的责任恐怕跑不了，天知道有什么麻烦在等着她。

（四）

学生父母赶来，对着刘媛一顿大骂，拉扯着要她赔儿子的性命。刘媛始终低着头不敢说话，王主任和大个子男老师上前劝说，却被对方狠狠打了一顿。

校方自然不敢多言，任夫妻二人胡闹，那学生的母亲骂累了就坐在地上哭，边哭边说“我就这一个儿子啊……”，反反复复。

刘媛从来没觉得时间过得如此慢，当抢救室的门在十三个小时后缓缓打开时，刘媛一行人一拥而上，领头戴着口罩的医生没有说“对不起”，而是说了句：“手术很成功，还好送来得及时。”

那对夫妻就笑出了眼泪，刘媛擦了擦眼角，跟着进了病房。

“你们谁跟我来拿单子？”护士在门口喊道。

刘媛看着紧握儿子双手的那对夫妻，跟着护士走出去。拐个角，就来到医生办公室。

“金医生，病人家属到了。”护士看着正在洗手的医生轻声说。

刘媛听着护士错误的介绍也不打算澄清什么，护士见医生点点头就转身离开。金医生用毛巾擦了擦手，转身直接向办公桌走去。

这一回头，刘媛感觉脑袋完全空了，差点没站住脚。

“把这些单子拿到一楼缴费就可以了。”他头也不抬说。

刘媛完全失神，没注意到他递过来的一长串单子。

“病人家属，请把这个拿好。”他望着她失神的眼睛又一次说。

刘媛猛地回过神来，看了他一眼。十年了，他还是那么俊朗，只是瘦了些。

刘媛回到家父母已经睡下。她轻手轻脚拿出浴袍，钻进浴室。她将花洒调到最大，好像这样就能冲去她一天的疲惫一样。她不自觉地缓缓靠在白色的墙砖上，凉凉的，就像她的心。他终究不记得她了，一点都不记得，真可笑。

那时，她应该是讨厌金世泽的。讨厌，但又无法挪开看他的视线。

“你是谁啊？”还记得再次见到金世泽的时候，第一句话她就撒了谎。她明明还记得他。

“给你，”金世泽一脸欠揍的表情，见刘媛没反应又补充一句，“原味的。”

刘媛没接，转身就走，金世泽并没有追上来。刘媛以为，以后再也不会见面，可是学校真的很小。

若说真正注意到他，应该是学校的冬季运动会。第一天下午先是女子长跑，刘媛跑完后累得快要虚脱，从后门出来时，差点晕倒。凑巧，金世泽伸手扶住了她。

“谢谢。”刘媛先是一惊，而后迅速推开他的手。

“刘媛同学，你还欠我五十块钱呢。”金世泽一副吊儿郎当的模样。

刘媛傻眼了，摸了摸衣兜，钱在包里。她看向他说：“我马上拿给你。”

等到刘媛气喘吁吁地跑回来的时候，金世泽早已消失得无影无踪。该死的，他又一次耍了她。

刘媛心中压着一口恶气，愤然离开。金世泽从休息室走出来，看着刘媛落寞的背影，嘴上勾起一抹邪魅的笑。

（五）

雨声淅沥，刘媛醒来时已经是上午九点。她走出卧室，父母都不在。她感觉有点累，瘫坐在沙发上，许久，才想起去看学生。

刘媛在医院待了一天，刚起身离开，在电梯门口恰好碰见金世泽。她对着他微笑，他礼貌回应。

时隔十年，她连一句话都无法说出口。时间真是个让人无能为力的家伙，它会让你淡忘过去的一切，包括曾经那么用力接近的人。

刘媛很少再去医院，偶尔去的时候，也没碰见金世泽，后来听护士说他好像去北京进修了。她还是会想起他，只是次数越来越少。

学生跳楼事件最后没有走法律程序。校方与学生家长私了，学校禁止外传，所以一段时间后，很少有人再提及此事。

刘媛意外得知了金世泽依旧单身的消息。她想，老天到底还是公平的，这一次她不会再错过他了。

等待，是一件很考验人的事。它让你学会如何安抚躁动不安的心，以及看清很多模糊的事实。

刘媛终于拨通了烂熟于心的电话，心里还是有点儿忐忑。她努力压制住紧张，说："金医生，我的学生康复得很好，你看什么时候有空，请你吃个饭？"

金世泽一副职业性的回答:“那是我应该做的，饭就不用请了，怪麻烦的。”

刘媛听着电话里传来的嘟嘟声，有点泄气。她已经二十八岁了，不再是当年的少女，她这个年纪早已经没有当初的心高气傲、口是心非。

于是她决定去医院找他，算是给自己十年的思念一个机会。倘若有所收获，自然再好不过；如果失败，就当给这份感情画上一个句号。她边走边想，像个小姑娘一样在心里默念，你要加油。

刘媛已经做好了被拒绝的准备，可是她完全没想到，生活有时候会比电视剧更狗血。

她在医院大门外等了半个小时后，慢慢有工作人员陆陆续续走出大门。人越来越少，始终不见他的身影，刘媛忍不住走进大厅，正好看见金世泽从电梯出来。

刘媛笑着迎上去，刚迈开两步，就看见了他身后的那张脸，笑得灿烂，那笑脸的主人自然地挽着金世泽的胳膊。

“姐，你怎么在这儿？”刘素一眼就看见刘媛，快步上前道。

“没……我……我们学校一位老师生病，我来看看。”刘媛结结巴巴回答，“我先上去了。”说着就逃进电梯。

刘媛靠着电梯，一仰头，满眼的泪水就滚落而出。她想过最糟糕的结果，可是一万种糟糕的结果也比不过现在更让她心痛。

她怎么就没想到刘素嘴里的阿泽是他呢？刘素明明说过她男朋友是外科医生、浙大2005届毕业……这么多信息，她怎么完全就没有联想到一起去呢？

刘媛从医院回来没多久就办理好出国手续，跟家里人简单告别就登上飞机。

（六）

一年以后，传来刘素结婚的消息。刘媛包了一个大红包，真心地表示祝福，却始终没露面。

2016年，刘媛回国，定居在浙大对面。那里还是有绵延不断的雨，经年不散的雾，她却再没有无法释怀的执念。

微信群里有人发起老同学聚会，刘媛穿着一件大红色毛呢大衣，踩着一双十厘米的高跟鞋走进约好的饭店。有人大惊小怪地呼喊：“刘媛，你还是那么漂亮。”

刘媛笑着打趣：“那也不见你追过我？”

这一年，她已经学会在各种场合开许多无关紧要的玩笑，事后大家都会忘记，何必活得那么认真。她是真变了，由内到外，完全跟之前判若两人。

“金世泽当年都没追上你，别说我了，哈哈哈……”那人脱口而出。

刘媛眉眼依旧，表情并未起波澜，好像是在听别人的故事一般。

“你别瞎扯，他当年就是跟篮球队几个队员打了个赌。”人群里不知道谁突然来了一句，那人又喝两口酒，“结果，金世泽那小子赢了整整一个月的生活费……”

刘媛表情霎时僵住了。原来，那些她以为真心实意的陪伴不过是他与别人的赌注。

（七）

“刘媛，我真的喜欢你。”当金世泽在夏天的尾巴又一次说出这句话时，刘媛点了点头。

在送她回去的小路上，金世泽俯下身亲吻了她。那个吻夹杂着烟草和原味奶茶的味道，让她怀念了整整十年。

他们的恋情低调到没人知道，三个月后收到金世泽出国前发给她那条短信："别等我了，我可能不会回来了。"她哭得一塌糊涂，舍友也只是以为她因为二级计算机考试没合格而难受。

聚会结束，刘媛一个人跑去 KTV 唱歌，点唱王心凌的老歌《第一次爱的人》，2004 年夏天火遍整个浙大的歌曲。那也是他们唯一合唱过的歌曲。

单曲循环，反反复复，刘媛吼得嗓子差点哑掉，终于撕心裂肺地恸哭了一场。

最怕的不是你不爱我，而是你明明不爱我却装出一副深爱我的模样，让我轻易沦陷。

因一个谎言，耗费整个青春。最后总结起来也不过一句：你所有的痴心，都源于妄想。

你不知道，我喜欢你好多年

顾小瑾从梦中醒来的时候才清晨五点多，离平常起床的时间还有两个半小时，她拉过被子捂着头继续睡。可是，半个小时后她依旧很清醒。她掀开被子，露出小小的脑袋，阳光穿过窗帘的缝隙，照到她粉色的小床上。

她伸手拿起手机，登录 QQ，点开很久不曾翻看的分组，找到他，会话框里的那句“你不知道，我喜欢你好多年”最终也没有发出去，她望着他那灰色的头像发呆。那些从前发生的事情历历在目，那人分明早已走远，可她竟然连许多小细节都能想起。

这已经是这个月第二次梦见他了，顾小瑾觉得奇怪，明明两人早已毫无联系，近来他却频繁出现在她的梦里。最让她无语的是，她竟然跟他在梦中谈起了恋爱。她已不再是十五六岁的小姑娘，这样的梦，按理来说不应该出现的。

多久没想起他了？

很久很久了，或者说，是很多年了。

（一）

他们第一次见面，在她十三岁那年的秋天。那时节南方小城还很温暖，他穿着雪白的T恤走进教室，她的眼睛一瞬间就亮了，心跳慢了半拍。顾小瑾以前还纳闷怎么好朋友们都有喜欢的男生，她看那些男生从头到尾都一样，没啥区别，连好感都没有，更别说喜欢了。可他出现了，毫无征兆地俘虏了她的心，这喜欢来得猝不及防。

他的眸子乌黑而深邃。在此之前，顾小瑾从来没留意过，原来男生跟男生也是有很大区别的。

他朝她走来，她下意识地抓起旁边的笔，在新本子上写自己的名字。心里还在祈祷，希望他的座位离自己近一点。

等他从她身边走过后，她松了口气，微微侧头，寻找到他的位置，竟然就在她右后方。她回过头来，心里乐开了花。

因为刚升入初中部，所以大家都很新奇，前后桌都在互相介绍自己，偶尔有开朗的同学跑下位置，冲到别人面前搭讪。顾小谨一边小声地与同桌聊着天，一边偷偷地看他。班主任在大家聊得热火朝天的时候走了进来，这是一个二十出头眉目清秀的女人，温柔又亲和。

进行一番详细的自我介绍之后，她提出："下面大家先上讲台来自我介绍一下，从左边第一个同学开始，依次往后。"

一个、两个、三个……终于轮到他了。他缓缓走上讲台，嘴角带笑，说："大家好，我叫黄金昌，因为妈妈姓金，他们希望我做一个善良的人……"毫无特点的自我介绍，可顾小瑾却记得非常清楚。

新学期大家都结交了很多新朋友，可她跟他之间，几乎不曾说过一句话。她那么活泼开朗的一个人，看见他便立刻收起了所有的灵动和热闹。

年少的时候，喜欢一个人就会拼命对他好，巴不得把心掏给对方看。比如作为语文课代表的她收作业时，总会等着最后一个交作业的他；比如课间发日记本时，只要他不在座位上，她总会小心翼翼地放进他的课桌里；比如他做清洁，她总会偷偷将门后的垃圾清理好……

冬日的下午，放学铃声响起，同学们一窝蜂地奔跑出教室。顾小谨仔细算着最后一道数学题，头也不抬地跟前来告别的小伙伴说拜拜。等到验算完题，她收拾好书包，起身，扭头一眼便看见了安静的他。

她犹豫着要不要上前打个招呼，他就站起身来，“顾小瑾，走，一起回家吧！”

顾小瑾的脸不自觉地红了，她假装自然，笑着说：“好啊！”心里却有欢乐的泡泡升起，真怕一不小心就炸开，泄露出她的兴奋与紧张。

冬日的天很快暗下来，他们走在白花花的路上，一路上两人都没开口说话。走到岔路口，他的声音突然在耳边响起：“我送你吧！”

一句简单的话，却温暖了她很多年。

（二）

该怎么来形容自己的小心思呢？顾小瑾也不知道，她只知道，好像心中的空白被填补了不少，生活一下子变得没那么无聊了。

她观察到他每天都提前半个小时到校门口，于是她故意制造了无数个偶遇。两人仍旧没太多的交流，顾小瑾却满心欢喜。原来喜欢一个人，想到他就会嘴角上扬，这不是骗人的。

期末考试结束之后的那个下午，顾小瑾坐着公交看遍了整座城市，到家时不过九点。她拨通了同桌安欣的电话："要不出去走走？我给你带肯德基套餐。"

安欣是个名副其实的留守女孩儿，父母远在异乡打工，爷爷奶奶早年去世，她一个人住着偌大的房子，偶尔住对面楼的小姨会过来看看她。她家一度成为顾小瑾复习的场所。

可就在踏进房门的那一刻，她惊呆了，沙发上坐着一群人，其中就有他。他坐在最角落，旁边有一个小空地儿，安欣拉过她直接往他那边的空位推，"我们在玩'真心话大冒险'，快坐下一起玩"。

顾小瑾拘谨地坐下，啤酒瓶在大家的注视下停了下来，中奖的是一个腼腆而漂亮的女生。有男生起哄："就真心话好了，你有喜欢的人吗？"

女生的脸瞬间通红，轻轻说了一个"有"字，有死皮赖脸的男生追问："谁啊？"

就在女生不知所措的时候，顾小瑾清楚地听见了他的声音:“明明只能问一个问题，要想知道，等她再输了再说。”

他为女生解了围，她感激地看着他，他笑笑没说话，抓过酒瓶直接转动起来。顾小瑾觉得，他人真的很好呢，那是不是对每一个人都这么好呢？她还没想出结果，酒瓶口就正对着她停了下来。

“顾小瑾，你喜欢的人叫什么名字？”说话的是蒲杰，那个笑起来痞痞的男生，她的后桌。

沉默许久，她也不敢说出他的名字。

“你喜欢的人在这里吧？”蒲杰看着她的眼睛问。顾小瑾突然就怯场了，起身想离开。安欣眼疾手快，按住她的腿，不耐烦地说:“哎呀，蒲杰你是脑残吗？小瑾喜欢的人从来都是我啊。”

大家也反应过来，觉得玩得太过了，有人找出扑克牌来打圆场:“不玩了，不玩了，我们来玩扑克牌，输的人贴纸条。”

（三）

期末成绩出来，阿昌考了年级第一，顾小瑾考了年级第三，她看着贴在公示栏里的成绩单，两个人的名字离得那么近，却分明又很远。

初二的时候，学校外面新开了很多小吃店，顾小瑾喜欢喝香草味的奶茶，只是因为香草这两个字。

顾小瑾还是喜欢偷偷地看他的一举一动，偷偷地喜欢着他，偷偷帮他清理垃圾。她努力藏好自己的心思，学不下去的时候，就看看那张被她偷偷撕下来的成绩单，然后就跟打了鸡血一样，一头扎进题海。

有一天，顾小瑾熬了一个通宵，阿昌看球也没睡，两人在校门口遇见的时候，他跟以前一样挥挥手说着早上好，两人并肩走过操场的时候，阿昌突然说："阳光真好，我们晒会儿太阳吧！"然后他们就真的躺下来享受着温暖的阳光。"你想考哪里？"顾小瑾小心翼翼地问。

"二中。"阿昌回答得简单而干脆。

顾小瑾在心里偷偷记了下来，回家后的第一件事就是把贴在墙上的目标"一中"划掉。

就在顾小瑾还没来得及欢呼刚刚结束的期末考试时，便传来阿昌去了西安的消息。班主任在讲台上讲话，顾小瑾一句也没听进去。

"我才刚赶上你的脚步呢。"顾小瑾心里莫名其妙地难受，那个时候她还不知道，原来那种感觉叫心痛。

很长一段时间，顾小瑾都是失魂落魄的。班主任找家长谈了很多次话，她看着母亲失望的眼神，心疼了。

顾小瑾去办公室帮语文老师整理资料的时候，才看见那沓堆得老高的日记本，她趁老师不在偷偷拿走了阿昌的日记本。

后来顾小瑾一直将那本日记本视若珍宝，白天放在书架最隐蔽的位置，晚上翻看一篇日记才睡得着。他写新鲜事，写篮球，写考试，写爱好……

中考成绩出来的那晚，顾小瑾趴在桌上狠狠地哭了。母亲轻轻推开房门，摸摸她的脑袋："没关系，我们不上一中就是了。"

只有顾小瑾知道，她哭得撕心裂肺是因为他的日记本最后一页写着：以后再也不能每天听见"早上好"了。

那天夜里她做了一个冗长的梦，梦到她和他躺在操场上晒太阳，最后他跟她挥手说再见。

（四）

顾小瑾用了很多办法查到了阿昌家的地址和电话，她打电话给他，电话通了，她听见他说你好，却怎么也没办法开口答话。

隔日一早，顾小瑾背着包裹对母亲撒了谎："我想去安欣家待几天，你不要担心我。"便毅然去了他所在的城市，想着也许可以和他再来一次"偶遇"。

"顾小瑾，我觉得你疯了。"行前安欣曾这么说。

是啊，她也觉得自己疯了。可是，如果不去西安见他，她会后悔一辈子的吧，她不想后悔。

路途艰辛，唯一欣慰的是，在快要断粮之前，她在他家门外小巷子的拐角处"偶遇"到了他。两人大眼瞪小眼，面面相觑。长途奔波使她灰头土脸，长久不见他变得健谈不少。

"你来旅游吗？"他脸上闪过一丝意外。

"算是吧。"顾小瑾微微一笑，她其实想说，我是来见你的，可是十五岁的孩子，哪里会说那些动人的情话。少女始终是少女，脸红和胆小随时会蹦出来。

晚上，他带她去吃火锅，厚厚的辣椒油在锅里沸腾着，一如她的心。她吃了很多，不知是因为真的饿了，还是因为有他在，她已经很久没这样好的胃口了。

那晚，他带她回家，将自己的床让给她。顾小瑾睡得特别安稳，一夜无梦。

醒来的时候，他妈妈早已准备好了早餐，招呼她坐下，饭桌上什么也没问。吃过饭，阿昌带着她去了他的学校。

他说这边天气很奇怪，总是阴晴不定；他说他喜欢每天走路去上学；他说以前不觉得学习有压力，来到这里突然觉得学习时间好像永远不够；最后他说这一年，我很想你们，想起以前的同学们，心情会特别好，这里的人都不喜欢外地人……他走在她左边，侧着头兴致勃勃地讲着，她安静地听着，因为离得近，时不时可以触碰到彼此的手指，她满脸通红，他毫无知觉。

回家的途中下起了小雨，他顺手拉着她便往家跑，匆匆进屋便找出一条干毛巾递给她。然后轻轻带上门，走出自己的房间。

“从四川过来的？不是你同学吗？你怎么能带回家呢？”他妈妈说话的声音不大，但顾小瑾却听得清清楚楚，粗心的阿昌只是虚掩了门。她擦头发的手，僵持在半空中，心里很不是滋味。

顾小瑾硬着头皮吃完午饭，趁着他妈妈洗碗的时候说：“阿姨，这两天打扰您了，我得回家了。”

“多玩儿两天嘛。”阿姨走出厨房，满脸微笑地说。

“不了，来的时候就买好返程车票了，谢谢您。”她笑着回答。

在候车室，顾小瑾拉过他的手，写下自家的电话号码，“以后你可以打电话给我。”忽然又觉得不妥，补充道，“我知道班里所有人的号码，你可以打电话问我。”

阿昌说：“往后出来别太久，关心你的人会担心的。”

顾小瑾重重地点了点头，然后头也不回地上了车。火车一路南下，将他留在了原地。

（五）

顾小瑾渐渐与很多同学失去了联系。走在二中的校园里，她时常会想起阿昌，想起那个笑起来很温暖、穿白T恤很好看的男生。可是，直到她家搬家，不再使用座机，他也没拨通过她家的电话。

后来的后来，顾小瑾习惯一个人吃饭，一个人去图书馆看书，一个人绕着学校长长的林荫道一圈圈慢走。

慢慢地，她就在光阴的打磨中卸掉了自己的青涩。

十八岁的顾小瑾嘴角总是挂着笑意。她坐在落地窗前，拉开白色窗帘，不经意间就看见楼下的安欣。

顾小瑾还没来得及说话就被安欣拉着塞进了的士里，那时她才知道，蒲杰要做开颅手术。她拉着安欣的手，紧紧地，一句安慰的话也说不出来，心里无比慌乱。

蒲杰的手术很成功，只是刚做完手术后的他连讲话都有点吃力。顾小瑾看到他那个样子，特别心疼。

安欣在病房里忙出忙外，一会儿洗衣服，一会儿倒水，俨然一副小妻子的模样。顾小瑾没问什么，这个年纪懂得爱早已不是什么稀奇的事了。她不惊讶，毕竟喜欢本来就是毫无征兆的。

顾小瑾要上的大学在西安。飞机起飞时，她觉得胸腔闷得难受，她攥着手里的塑料袋，以备不时之需。

直到飞机着陆，她也没吐出来。走在陌生的城市，顾小瑾觉得一点也不陌生，因为这里有阿昌的存在。

顾小瑾安定下来，第一件事就是去找阿昌。她站在他家楼下，终于在深夜等到了他，“真巧！”

“是啊，好巧！”他依旧诧异。

“我的学校在西安。”顾小瑾淡定地说。

"我考的川大。"他的眼神暗淡下来。

阿昌送她回学校的时候，一场暴雨将他们困在了车站。一行人躲进了德克士，顾小瑾坐在椅子上看着窗外发呆，他拿过薯条，撒上辣椒粉，递给她："尝一口试试。"

顾小瑾接过来，轻轻咬了一口，味道真不错，原来还可以这样吃。她笑："你是另类美食专家吧？"

"你才知道啊？还不晚，哥以后带你吃香的喝辣的。"

两人走在校园里，他白衬衣，她碎花裙，走在夜色里，侧头轻轻耳语，彼此脸上都挂着浅浅的笑容。那大概就是爱情的样子吧？

那天的最后，两人互加了QQ。然后她看着他消失在夜色里，始终没说出自己的小心思。

（六）

大学里阿昌开始学画画。他每画一幅，便拍照发给顾小瑾，她在空间新建了个相册，存下他所有的画。

而顾小瑾在一家电台当了主持人，她甜美的声音被很多人喜欢，也有了不少粉丝。她偶尔会把听众的狗血问题发给阿昌，两人一起吐槽，然后感叹其实生活更加狗血。

闲下来的时候，顾小瑾就出去拍照，她用半年的工资买了一个单反相机，拍到好看的蓝天会发给他，拍到可爱的猫咪会发给他，就连顺手拍的午餐也会发给他。

两个人总是会聊到深夜。阿昌每天准时在十二点说：乖，可以睡觉了。

于是顾小瑾就发个晚安，乖乖钻进被窝安然入眠。

时间匆匆逝去，短若兔尾。顾小瑾站在学校大门口，看秋天还像是昨天，冬天悄然而过，春天的花香还没来得及细嗅就没了。

“毕业了，我想留在四川。”阿昌在 QQ 上发来消息。

有人说，当你真正爱一个人的时候，可以做到，我爱你，但与你无关。顾小瑾做不到这样，她宁愿再赌一把，也不愿彼此错过。

于是她撕掉了那张早已审批过的出国留学申请书，只身前往四川。

阿昌站在一家旧书店门前等她。墙上的三角梅，粉红的花朵灿若朝阳，一簇簇压在斑驳的旧石墙上，给老旧的书店平添了几分生机。

“我是不是耽误你了？”阿昌问。

“你耽误得起吗？”顾小瑾反问。

“为什么不找一个能一直守候在你身边的人呢？”阿昌又问。

明明互相喜欢，却不愿表明心迹：她害怕失去，他害怕驻足。

“说什么呢？我当你是最好的朋友。”顾小瑾尴尬地笑笑。她一次又一次地追逐，最后得到的答案还是不确定。

回到四川后，顾小瑾去一家青春杂志社当了编辑，看着手里一篇篇关于青春年少的故事，就好像她和阿昌的过去。

一年后，顾小瑾收到了蒲杰和安欣结婚的消息。婚礼如期举行，阳光很好，穿着婚纱的安欣和西装革履的蒲杰清晰而用心地说着婚礼誓词。顾小瑾拍了几张照片，存入手机。

隔日上传的时候，目光却在空间停留下来。曾经珍藏的画，唯一的作用，就是让她对阿昌念念不忘。

（七）

阿昌在四川待了一年多后，去了北京，继续着他的生活。

他变得很忙碌，也只有在极少的时候，会给顾小瑾发消息。

等一个不会为你驻足的人，永远也得不到想要的结果。

十二年光阴，她性格里的倔强早已被打磨光，她曾经如夜空下无私的月光，紧随其后，只等阿昌回头。

不输真心，只是欠了半分运气。她与他，始终只是交叉线，没办法并肩前行。

那些画索性都删了吧，她点下删除键，那些旧的记录就真的从空间里消失了。

顾小瑾结婚前夜，和安欣跑进以前常去的那家小餐馆，点了几个小菜和两瓶啤酒。

安欣问："你为什么这么快结婚？"

顾小瑾答："兜兜转转，遇见了一个对的人，不想放手了。"

安欣笑："是累了，折腾不动了吧！"

顾小瑾笑笑说："这西红柿炒鸡蛋真好吃，比西红柿炒肉好吃太多了，绝配才有这么好吃吧！"

是啊，顾小瑾这个西红柿与阿昌这盘肉混搭，其实也没有想象中的那么好吃，终究还是西红柿炒鸡蛋更美味。

此生最好的光景，是努力爱过好些年。人无再少年，不如给彼此一个圆满的念想。

你是年少的欢喜

夏日的蝉鸣总是一串串的同音反复，沉重的低音拉得老长，从不知名的树上灌进耳朵里，回响在这沉睡的深夜。

夜色下，北京却是喧闹的。林夏穿着高跟鞋奔跑在拥挤的首都机场，男人早早等在了出口处。和以往每次一样，他妥帖地接过她手里的行李箱，然后送她到早已预订好的酒店。

就在他倒水时，手机突然响了。他掏出手机，小声地接听，“你什么时候回来？”

“很快！”他说话依旧干净利落。

挂断电话，他把早已倒满水的透明水杯递给她，犹豫两秒，还是开口说道：“林夏，你先休息，有什么需要随时给我打电话。”说完看了她一眼，便转身离开。

白色窗帘被微风吹得一晃一晃的，林夏坐在窗边，目光不知落在何处，思绪被拉到了很远很远的地方，还是忍不住想起了少年。

林夏开始相信，人与人之间的距离，是真的可以隔山隔海，甚至隔着宇宙星辰。

（一）

跟程度的缘分，说起来，并不唯美。第一次遇见他，是在珠海。

当时林夏跟闺蜜正在影楼拍艺术照，而程度是排在她后面的那位，但他却不是来拍照的。他自然地拍了拍她的肩膀，“姑娘，借过一下。”

那时的林夏年轻又自傲，对这样明目张胆的插队行为很是不满，“大家排队都挺累的，也不是只有你赶时间。”

闺蜜轻轻拉了拉林夏的袖子，她不想与人起冲突。可没想到，他极其温柔地低下头，柔声解释：“我是来面试的，你……”他指了指排队的方向。

林夏顺着他手指的方向看去，这才明白，是自己占道了，瞬间尴尬地挪动脚步让开。他从她身旁缓缓走过，身上好闻的味道弥漫在空气中，淡淡的，给这拥挤的影楼带来些许舒畅。两个陌生的人对视了一眼，也就是在这一瞬，林夏的小心脏不听话地怦怦乱跳起来。

那天，程度面试成功。作为摄影助理的他一边帮摄影师打灯，一边逗林夏笑。两人在休息时也会说上一两句话，他们很快就熟悉了。

取照片时，林夏一进门就看见正在忙碌的程度。她上前打招呼："怎么样？还适应吗？"

"很不错，毕竟一直都很喜欢摄影。"他继续说道，"趁着年轻，做点自己喜欢的事，不然以后会遗憾的。"

程度带着她去取照片，中途两人闲聊起来。他说他在珠海已经待了一年，在那之前，他一直生活在山西的一个偏远小镇，不怎么喜欢和人沟通，因此没什么朋友。他眼里闪过一丝黯淡的光，但很快就隐藏起来，"好在，现在一切都很好。"

"真羡慕你，能找到自己喜欢的事情做。"林夏说着接过袋子，轻轻抽出照片。

"你也可以的。"他笑了笑，继续说，"没什么问题的话，我就先忙去了。"

林夏点点头，抬头冲他笑笑，然后欢快地离开了影楼。

（二）

再次遇见程度，是在报名处。他坐在接待处为新生办理入学手续，林夏远远地便看见了他。两个月不见，他瘦了不少，但依然精神。

看到她，他没有表现得震惊，从容地跟她打招呼，“过来吧！”

倒是林夏一脸惊讶地看着他，“你是学长？”

“你觉得呢？”程度嘴角上扬。

林夏拿着报到单匆匆离开，没走多远，后面便传来程度的声音：“前面直走第一个拐角处就是宿舍。”

林夏头也不回地挥了挥手，低头才看见他在纸上画好的路线图，心里顿时暖暖的。

隔天一早，开学典礼，程度早早站在了她们班级队伍的最前端，看见她来，他脱口而出：“这边。”

林夏觉得人与人之间或许真的存在心有灵犀，不然她怎么能在喧闹的人群里，轻易听到他的声音呢？

从校长到新生代表发言，从头到尾，林夏一个字都没听见。她隔着五个人看着他，清晨的阳光洒在他身上，安静又美好。

典礼结束，队伍很快散开，林夏想跑上前跟他打招呼，却被蜂拥而来的人群挤开，眼睁睁地看着他与一群学生微笑着离开。

第二天林夏学乖了，早早等在阶梯教室门口。这一次，他身边再无旁人。她笑着上前帮他搬书，“大忙人，跟你说句话可真不容易。”

“你怎么这么早？”程度假装没听见她的调侃。

“等你啊！”林夏跟在他身后说。

程度脸上的笑容僵了一秒，很快便转为一副自然的表情：“那我不是欠了你好大的一个人情？”

“那是，看在我帮你搬书的分儿上，你得请我吃饭。”林夏将书放在讲台上，抬头望着他笑。

“没问题。”程度也将书放下来，拍了拍手上的粉尘，“你想吃什么？”

“土豆可以吗？”

“就这点儿出息？”程度脸上带笑。

“总比没出息好。”林夏也笑。

程度还想说什么，便瞥见教室门口小心翼翼探进来的脑袋，“进来吧，正好过来帮帮忙。”

那姑娘有点怯弱，缓缓走上讲台，“学长好。”

“嗯，你好。”接着他又看向林夏，“你们两个一会儿帮我发发书，一人负责一边。”

“没问题。”林夏答得爽快。

班会结束，大家陆陆续续离开，林夏故意慢腾腾地收拾书包。程度走下讲台，站在她身前：“走吧，请你吃饭。”

“我跟你开玩笑的。”林夏将书装进背包。

“可我当真了啊。”他笑了笑，说着便拉起她的手腕。

“不用了，我还有事。”

程度并不勉强，点点头，“那下次吧！”

林夏看着他的背影，突然有点后悔。可是她没勇气叫住他，像后来一样。

（三）

不见程度的日子，林夏每天三点一线，看似平静。

军训汇演，林夏站在整齐的方队中，自豪又兴奋。作为新生，大家都很期待这一刻，军训结束也就意味着新生活的来临。

然而，当所有人沉浸在这无边的兴奋中时，林夏右边的姑娘脚一软，重重地摔倒在地上。让所有人都没想到的是，冲进队伍抱起那个姑娘的是程度。他一直守在急救室外，可那个姑娘再也没醒来。

隔天班会，出现在讲台上的是个新面孔的学姐。她拍了拍手掌，示意大家安静，“昨天出事儿的那个女同学是程度的妹妹，所以，抱歉，接下来由我代替见习班主任的位置……”

一瞬间，教室里便炸开了锅。

班会结束，林夏拦了辆的士，匆匆赶去医院。跑进大厅，便看见程度正在结账。大概是因为没睡好或者根本没睡的原因，他样子很疲倦，也很孤单。

大约是听见她的脚步声，程度回过头来看她，满脸倦意，“我们回学校吧。”

两人坐在出租车里，气氛有点压抑。林夏不会安慰人，一路无言。

程度办完请假手续，林夏执意要送他去车站。他拗不过她，只好应允。她小心翼翼地跟在他身后，依旧那般寂静。她想开口说点什么，却感觉说什么都是多余。

坐在候车室，她几次欲言又止，程度先开了口："突发性心脏病，没有一点征兆。"

他说："小时候，她喜欢哭，我从来没安慰过她。长大后，彼此都懂事了，想要保护她，却再也没机会了……她连再见都来不及和我说……"

林夏抬头，一眼便看见满眼泪水的程度。她轻轻掏出纸巾递给他，他没有接，却捂着脸哭了起来。

汽车站语音播报提示乘客开始检票，林夏小跑着去旁边买了瓶矿泉水，气喘吁吁地递给他："路上小心。"

程度点点头，走到安检处，猛然回头才发现她还在身后，"回去吧！"

回到学校后，林夏每天睡前都会找程度聊天，起初他很久才会回消息，过了两三天，回消息的速度也快了很多。

应该就在那次之后，有些东西，发生了微妙的变化。

后来林夏常常会想，真的，很多事情其实命运一早就安排好了，让你避无可避。比如，兜兜转转，她最终还是走进了他的生活。

（四）

又一次见到程度是在阳光雪亮的午后，珠海的阳光无比刺目，打在他的侧脸上。

他恢复得不错，活泼了不少，但却不如从前爱说话。林夏笑着上前，“欢迎回来！”

那晚两人在大排档喝啤酒，林夏往杯子里倒一杯啤酒，一饮而尽，“还好你满血复活，不然我都不敢找你了。”

林夏就这样，简单又直接地成了程度的小跟班。没课的时候，她就悄悄跑去蹭他的课；他去打篮球，她就跑去加油助威；他打工，她晚上去大门口等他……时间久了，他也就习惯了她在身旁。

等程度的时候，偶尔会碰上下雨天。这样的时候，他总会提前下班，知道她不喜欢打伞，便陪她在雨中漫步。年少的时候，大多任性。所以，终于在一次大雨后，林夏感冒了。

林夏的感冒持续了一周，程度没有去上班，一到饭点就往林夏宿舍楼下跑，手里提着便当盒。时间一久，便有女生窃窃私语。

“她男朋友可真好，每天都给她送饭。”

“真羡慕她呀。”

“真的好过分，虐死单身汪。”

面对旁人投来的羡慕眼光，林夏觉得有点尴尬。可程度却不以为然，笑着叮嘱她一定要好好吃饭，末了，还不忘摸摸她的小脑袋。

当程度再一次来到女生宿舍楼下时，室友也跟着林夏跑了出来，看见程度，笑着打趣：“学长，你是不是对我们林夏有意思啊？”

林夏尴尬地抬头看向他，他俊秀的脸上并没有多余的表情，倒是微微皱了皱眉头。她看得胆战心惊，以为他会说不是，却不想他点头说了句“对啊！”

室友闻言，识趣地跑去了食堂。林夏抬头看着程度，“这玩笑一点也不好笑！”

“谁说是玩笑了，不如我们在一起试试吧！”他看着她的眼睛说。

于是这一试，就试到了程度毕业。恋爱、牵手、接吻，一切都顺其自然。林夏大四的时候，和程度在外租了间房子，每天做饭、上课、收拾房间等程度回来。程度对吃的从来不挑剔，从来都是她做什么，他都吃得开心。

两人的相处并不浪漫，没有轰轰烈烈的告白，但他每次出门前都会给她一个吻，每个下雨天都会接她放学，从未间断，温暖无比。

林夏知道，自己对程度的喜欢，比表面上流露的，要多很多很多。

（五）

这样的状况，持续到林夏毕业，突然在某天有了变化。所有的变化，都是悄无声息的，却又来势凶猛。

程度开始整夜整夜地加班，即使回家，也已是深夜。她在明亮的客厅看着一身疲惫的他，总会默默上前，帮他接过包，重新热一热冷掉的饭菜。

“今天还是不顺利吗？”她小声地问，生怕他难过。

程度总是疲惫地摇摇头，然后自顾自地走向浴室洗漱。累了一天，他实在是一句话也不想说。

即使这样，两人还是会争吵。起初，程度发脾气，她都默默忍着，隔日一早，又给他一个大大的笑脸。后来，她会回两句嘴，于是越吵越凶，他摔门而去，她蜷缩在沙发上哭泣。再然后，她索性躲避，也开始加班，即使周末，也不愿待在家里。

有了变化的感情，忽然间，变得脆弱不堪。每当目光相碰，两人眉眼间的明朗很快暗淡下去。

终于有一天，林夏忍不住攥住他的手："你不觉得这样很没意思吗？"

"那怎样才有意思？"他直视她的眼睛问。

"浪费人生。"这一次，她先离开了房间。

程度如行尸走肉般坐在沙发上，对着窗外一树快要枯死的树叶，许久。

夜深人静，程度打开房门，屋子里漆黑一片。他一遍又一遍地拨打她的电话，始终无人接听。直到第二天清晨，他找衬衣，才发现她的行李箱不见了。

林夏离开时只带走了两样东西，他们唯一的合照和他送的那本《许愿树》。房子自此沉寂了许多，再没有彼此的争执不休和满腔怒火。

之后的三年，房间依然保持林夏走时的布局，程度再也没有收到过任何关于她的消息。她消失得太过彻底，以至于程度有时候会怀疑，她是否真的存在过？

（六）

珠海再次降温时，程度去了北京，带着昔日两人的愿望，扎根下来。

再过一年，在一个著名的网站运营讲座上，林夏再次看见了程度。此时，他身旁站着一个温柔女子。

“真巧，又见面了。”林夏大方地上前打招呼。

“你一直在北京？”程度惊讶。

“不，总公司在这儿，我每隔两个月会来学习一次。”

“程度，你朋友吗？”身旁的女人上前挽着程度的胳膊问。

“大学同学。”林夏率先回答。

“以后来北京给我打个电话，我可以去接你。”

果真，林夏每次来北京总要给他打电话。而今，他体贴、大度，为她安排好一切。不过，两人的关系也仅限于接送站。

林夏从思绪中回过神来，沉沉睡去。

两天后，林夏登机时给他发了一条短信。那边很快回复：“注意安全。”

过了两秒，她正打算关机，又收到一条信息：“我月底结婚。”

“祝你幸福。”林夏输入四个字，很久没有按下发送键。飞机起飞，林夏看着蔚蓝的天空，几滴眼泪滚落下来。

最终，林夏还是参加了程度的婚礼。新娘子很漂亮，程度依旧帅气，但举手投足间已经无法再跟很多年前那个温暖的学长重叠了。

入场的时候，林夏说：“新婚快乐！”

“谢谢！”程度简单地回了一句。

在宴席上，看着他身旁一脸幸福的新娘，林夏突然觉得，大概所有固执又不懂爱的少年都会慢慢成长，他们也终将遇见幸福、学会爱人。

有一种相遇，就像42度小清

你有没有听过这样一种酒，叫小清酒。

我是偶然邂逅它的，一眼便喜欢上了。每一种酒都有自己的品牌文化，小清趋于简单纯净，陪伴我们从青春逐渐走到成熟。我空间里有一个相册，它在2014年停止了更新，我十年的画画生涯就此画上句点。

一盘油炸花生，搭配一瓶小清，举头望繁星，低头思旧人。

【清澈】

我是在白塔镇的冬天出生的，我喜欢夏天，我叫苏夏一。

牟毅出现的第一天，身上带着一种我无法抗拒的气息。我一次次提醒自己，离他远点，再远点。

那次电影结束后我们又见了几次面，一次是在破旧的小图书馆，一次是在回家的马路上，一次是在小卖部里，还有一次是在垃圾站旁边。我正在倒垃圾，他径直向我走来，他跟我打招呼。我看了他一眼，转身往教室走去。

“你从小就不喜欢说话吗？”他跟上来，一脸好奇地问我。

我的目光一不小心与他对视上。他露出虎牙冲我微笑，我心里慌慌的，最后低下了头，什么也没说。

“我从来没见过你这样的女孩子。”他说，“话这么少，看电影没任何情绪。”

我关上教室门。初夏的风，透着湿润的气息。我站在马路对面，跟他挥手，我没说再见，我已经很久很久没说话了。

连着下了好几天的雨，总算放了晴。从学校出来的时候，我又看见了牟毅。

沿着小道一直走，经过火车轨道的时候，我回头，他还跟着我。再往前走就是一条小河，沿着河边走，很快就能到达一个垃圾场，再过去约五百米，就能看见一所没有人烟的房子，而我就住在里面。

我掏出钥匙开门的时候，牟毅站在我身后，突然说：“为什么蛇没有脚呢？”

“因为脚会阻碍它逃生。”我答。半个月没开口，嗓音有点生涩。

我不知道为什么会跟他说话，他仿佛思考了一阵子，连连点头说我说得有道理。下一秒，他眼里闪着光，“你终于跟我说话了？”像是看到外星人一样，他满脸惊讶。

我神色复杂地看着他，觉得他真是个奇怪的人，跟着我也就算了，还问这么奇怪的问题。我坐在门前的青石板上，玩着手里的玻璃球，让它们在手心打转，他跟着坐下来。

“苏夏一，你知道星星为什么会发光吗？”

“苏夏一，你知道为什么日月同辉很少见吗？”

“苏夏一，你知道前面那块墓地闹鬼吗？”

蓦然间，我停止手上的动作，深深地看了他一眼，打开房门，将他一个人留在原地。

那天我开口和他说的第一句话成了我日后怀念他最频繁的一句话。我没想到，此后他会在我的生命里变成一个特殊的存在。我也没想到，阻碍他逃生的，会是我。

【香醇】

街边的路灯忽明忽暗，偶尔抬头，还能听见头顶的灯泡嗞嗞地骚动着，如同垂死挣扎一般。等这声音灭绝的时候，大概也就是这盏灯永远熄灭的时候了。

牟毅站在路灯下，迎着光的脸有点白，“苏夏一，我在一中哦。”他一脸骄傲地对我说。

我从容地点了点头，握着手里的毕业证，最后看了一眼这小小的学校，转身离开。

那是2004年，小学毕业，我进了三中。说不上难过，毕竟我本身就没有目标，我不是学霸，也算不上学渣。

开学第一天放学的那个晚上，我看见了牟毅，百米开外，他正在和新认识的小伙伴打闹。半晌，我才挪动脚步。

我独自回到那所缺少温暖的房子，四周空荡荡的。“跳跳”蹭过来，喵了一声，就又窜了出去。

直到天彻底黑下来，我才关上门，走向垃圾场，穿过小河，很快就到了火车站。我走上月台——

“爸爸妈妈很快就回来，一一在家要听奶奶的话。”

黑暗中，我难以分清到底是梦境还是现实，是否真的发生过。

然后，我就在冷风中被人叫醒了。睁开眼，第一眼便看见了牟毅。

“你不回家吗？”他坐在我身边问。

说老实话，我不太清楚那里算不算家。除了摆着该有的家具，房子里毫无生气。

“苏夏一，我一直都觉得你很特别。”他不理会我的忽视，继续说。

“就像一条蛇。”

“蛇？”我突然开口。

“钻进洞里，宁死不会退回一步。”他看着黑漆漆的前方说。

我又一次沉默了，如果真的有选择，我也想倒退，可是时光不给我机会，生活也不允许。

肮脏的地面上，堆积如山的垃圾，空气中飘浮着令人作呕的气味。我一个人，向前走着，毫无避开之意。身后跟着的，是牟毅。

我拿出钥匙开门，然后砰的一声，我听见大门锁住的声音，我站在楼梯上，透过门缝看见他转身，漆黑的夜里，他的背影很孤独。

那晚我做了一个很长很长的梦。我梦见爸爸妈妈还在世，我穿着漂亮的裙子，在他们面前旋转。他们看着我微笑，我伸手，却什么也没抓住。

醒来的时候，刚好七点，我没时间留恋梦境，慌忙洗漱完，抓起书包就往大门口冲。

我没想到牟毅会早早等在门口，我推开铁门，他迎面站立，我差点撞到了他。情急之下，我来不及说话，转身便往医院跑去。

我清楚地记得我转身的时候，他慌忙扶住了我，他的眼睛里满满的都是我。那一刻，天光明亮，如同救赎。

【回甜】

九月的白塔镇还被阳光笼罩着，街上常常有流浪的小猫小狗，我以前从来没发现，这几个月没办法不留意，因为我每天要在这个街上奔跑两个来回。偶尔不赶时间，我便会看着那些丑丑的被人遗弃的猫狗，它们看着我，就像注视着一个怪物。

烦躁的时候，我会冲着它们做扔石子的动作，大部分猫会四处逃窜，大部分狗会冲着我狂叫，只有少部分猫狗无视我的存在。我讨厌它们，便会上前撵它们，见我上前，它们便会缓缓离开，永远一副不恼不怒、逆来顺受的模样。

我看了眼它们，直接从它们中间穿过。我听见猫狗四处逃窜的声音，就像三个月前的我，找不到家的方向。

我赶到医院的时候，护士说奶奶还没醒来。我轻轻地将核桃豆浆放在床头柜上，站在病床前，她的眼睛仍闭着。我坐到她身旁，想象着她醒来时的样子，忍不住嘴角浮出微笑。

是的，如你所见，我的爸爸妈妈在去深圳打工的途中，由于司机疲劳驾驶导致翻车，全车三十五个人，活下来的只有四个，而我的父母却不在其中。奶奶知道噩耗后，没过多久就住进了医院。

从那以后，我照常上学，只是除了在医院，我拒绝与任何人说话。

善良的护士姐姐推门而入，好心地提醒我："七点四十了，快迟到了。"

她一边为奶奶换输液瓶一边笑着跟我说："你去吧，我会照顾好你奶奶的。”

我匆忙跑下楼，跑过有流浪猫狗的那条街时，我再次看见了牟毅。

凝神再往那边看，他的面前停了一辆黑色奥迪，然后我看见他钻进车里。我收回目光，看了眼那些流浪猫狗，它们饶有兴致地看着我。我弯腰捡起石子，这一次真的向它们扔了过去。

放学后，我鬼使神差地等在了牟毅学校的校门口。他从人群中出来，眼神温和宁静，看见我，没有丝毫惊讶的表情，“你来了。”

像是在问我，又像是在跟久违的朋友打招呼。我点头，并肩走在他身边。

“去月台。”

我听不出他的语气，不知是在询问还是已经决定好。他穿着黑裤白衣，显得干净而简单。

走上月台，我们并肩而坐，他变魔法般地掏出两瓶娃哈哈饮料，将透明吸管插入瓶中，然后递给我。

“苏夏一，为什么你总是一个人，你爸爸妈妈呢？”

“死了。”我耸耸肩，一副无所谓的样子。

“那你跟谁住啊？”他试探地问，声音明显小了很多。

“一个人。”

“为什么去医院？”这一次，他的声音小如蚊蝇。

“无可奉告。”

我瞟了他一眼，低头看着地上的影子，一长一短，斜斜地重叠在一起。

【尾声】

我从班主任的办公室走出来，冷汗像雨后泥地上不断钻出的蚯蚓。我慌慌张张赶去医院，急救室的门一直紧闭着。

过了好久好久，门终于开了，几个护士推着奶奶出来。我看见的是煞眼的白布，白晃晃的，直瘆人。

“她怎么样？”赶来的是我的叔叔和婶婶。

很可笑，奶奶生前即使生病他们也不回来，偶尔往家里打个电话，老人家总念叨小儿啥时候能回来就好了。现在，奶奶去世，他们才回来了。我自然知道他们为何而来，但我确实也不想理会他们。

几天后，奶奶火化，骨灰安置在墓园。叔叔去了一趟法院，回来便收拾奶奶的遗物，婶婶一边收拾一边抱怨："也没几个值钱的东西嘛！"

我没想到奶奶在遗嘱里将我托付给叔叔婶婶。他们即使再不乐意，也不愿违逆老人的遗言。何况，照顾我，对他们来说只是交易。

我坐在白色汽车里，学会了怎样开车门，如何升降车窗，第一次看见那么少的流浪猫狗。我隔着窗户，看见它们无所事事地在垃圾堆里翻扒。

于是，一个可怕的念头在我脑海中盘旋。

没错，我要逃跑。

"牟毅，我想离开这里。"我看着遥远的山峰坚定地说。

"不回来了？"他在月台上踢着石子，那石子就像长了翅膀，飞出老远。

"不知道。"我答得很干脆。

"想好了吗？"他依旧踢着石子，这一次的力气稍微大一些。

"嗯。"我没有看他。

"行，周四上午我送你。"他踢出最后一个大石子，没飞多远就落地，"记得一定要好好的。"

牟毅送我到白塔镇车站，掏出纸条写下一长串数字，"这是我家电话号码，记得打给我。”

我看着他走远的背影，心里莫名慌乱。我没有对他说谢谢，我想我不说他也能懂我的感谢之心。

我成功出逃，一个月后在南方某小城安定下来。我成了奶茶店的一名服务员，第一笔工资到账的时候，我翻出记着牟毅电话号码的字条，站在电话亭内，拨通了烂熟于心的数字。

“喂？”那边传来干哑的声音。

“阿姨您好，我是牟毅的小学同学，我找一下牟毅。”我话音刚落便听见了对方努力压抑着的哭泣声。

“小毅不在了。”说着她便放声大哭起来。

接着电话那边传来一个男人的声音。我听见他一直在说着什么，可我只记得他说，那天早上牟毅送一个同学去汽车站，经过李生文联办铁矿的时候遇见了火灾，再也没回来……

我跑回去翻新闻，11 月 20 日 10 时 30 分，沙河市白塔镇李生文联办铁矿发生火灾事故，70 人遇难。

11 月 20 日，星期四。上午十点半，他离开车站刚好半个小时。

轰隆一声，有什么坍塌一般，剧烈的响声从头顶倾泻而下。我倒地前，只看见了白花花的天花板，真可怕。

【后续】

飞机安全降落，我透过窗户看向外面清冷的天。这个城市还是和十年前一样，没有多大变化。

邻座的女孩儿，个子小小的，白白净净，起身的时候没站稳，差点撞到我。

“对不起。”她满怀歉意地道歉。

“没关系。”我微微一笑，起身离开。

跟随着人流往舱门外走，远远的，还能听见女孩说：“刚刚好险呀，差点撞到那位姐姐了。”

“你呀，老是这么特别，什么时候可以不像个小孩子？”另一个人的声音带着怜惜和宠溺。

我垂眸，这样熟悉的场景，曾经也有个人说我特别。只是那些话，已被风吹成破碎的烟尘，落进看不见的火海里。

我站在月台上，看对面那个人工搭建的彩虹型的桥面上，苍白的灯光没有生命。我喝了一口小清，突然有点困，一闭眼就能看见那个熟悉的身影，就像要凝固一千年。

第二辑

一生那么长，相爱又何妨

十八岁的时候，我们愿意无条件追随一个人。二十八岁，再也不敢轻易说等待。终于发现，心里爱的是谁，也明白，有的情感不过是掺杂着不甘。喜欢常常不持久，因爱生出许多挑剔，然后渐渐陌路。遇见爱情后，我没有哪一刻比现在更清醒和坚定。爱情很讨厌，也很自私，但你若在，岁月静好，安暖相伴。

你的爱情余额不足，请尽快充值

2016年，这是辛薇与周子俊在一起的第十一年，也是她奔三的最后一年，过了十月，她便是奔四的人了。所以，辗转反侧整整一夜之后，她做了一个重大决定，那就是逼婚。

从十八岁到二十九岁，漫长的十一年，辛薇把最好的青春时光给了这个男人，年近三十，如果还没一个结果，恐怕她也没了继续坚持下去的勇气。

当晚，他们约在常去的一家咖啡店，两人临窗而坐。悠扬的曲子伴着辛薇忐忑的心，这么多年，她从来没有像此刻这样紧张。周子俊见她一直局促不安，伸出手握住了她放在桌上的右手。她的手背很凉，像在凉水中浸泡过一样。但他不知道，她的手心已经渗满了汗。

“怎么了？”他关切地问。

“子俊，我们在一起十一年了吧！”辛薇轻声地说。

“对啊，十一年，时间过得真快。”周子俊一听这话便明白了她的想法。

“我们父母也见了，房子也买了，也该结婚了吧！”第一次，她没有婉转迂回，直截了当地说了自己的心声。

周子俊看了辛薇一眼，想说什么，却始终没有开口，然后便低下头，拿着勺子搅拌着咖啡。辛薇一如既往地好耐心，她等他开口，等他给自己一个答案。

可辛薇怎么也没想到，周子俊的电话适时响起，他快速地按下接听键，然后抱歉地跟辛薇说：“我有点急事，你先回家，乖。”说着便夺门而出。

辛薇望着他快速离开的背影，有什么东西一瞬间坍塌，她从包里拿出早已准备好的戒指，取出来缓缓套在无名指上。迎着灯光，张开五指，戒指真好看，她笑了，笑着笑着便笑出了眼泪，再好看有什么用呢？

清晨，辛薇如同一颗流星般闯进闺蜜张欣然的书店，因为跑得太快，撞到了书架，她仓促地去扶，却撞下更多的书。一瞬间，各色书籍哗哗啦啦散落了一地。

她见到欣然，惊慌地抓住她的手："他不见了。"

"怎么回事，你别急，慢慢说。"张欣然拉过她，扶着她往休息区走。

辛薇跌坐在沙发上，双眼通红："昨晚，我按你说的，跟他摊牌了。"她双手环抱膝盖，把头埋进臂弯里，"可他接了个电话就走了，我等了他一夜，他都没回来。我早上打他电话也关机，我去他公司，同事说他请假了。你说……他会去哪儿啊？"她越说越着急，语速也快了很多。

张欣然没有立即说话，伸手递给了她几张纸。她越哭越凶，早已不顾平常的形象。张欣然叹了口气，周子俊怎么舍得让她这么伤心流泪呢？

"也许是真的突然有急事，你刚刚不也说了，他走得急，手机没电来不及跟你说一声也正常……"

"不！"在张欣然平静地陈述时，辛薇猛地大声打断了她，"有时间请假，没时间回家，你觉得可能吗？再说了，他记得我的电话。"

是啊，在信息发达的当下，想要联系一个人，轻松得如同喝一杯水那么简单。如果不是有意为之，怎么会突然消失不见……

周子俊是自己回来的，在辛薇由起初的质问到后悔的五天后，他又若无其事地回到了他们的小屋。房间是按辛薇喜欢的样式装修的，浅绿色的墙以及天蓝色的家具。她曾经说，房子得明亮，除了阳光、落地窗，还得有好看的颜色。

周子俊一进屋，辛薇如同一条奄奄一息的鱼被突然降至的雨唤醒了，冲进他的怀抱，不停地哭泣。这些天，她已经后悔了无数次了。

“对不起！”周子俊拍着她的肩膀说，他抓住了她的软肋。

就这样，一句对不起，他们又和好了，但如初大概是不可能了。因为，从那天以后，周子俊能少见她就尽量少见她，能不回家基本就不回家。

漫漫长夜，只一个人的时候，她总会回忆他们之间的过往。那些曾经出现的美好像是握不住的流沙，抓不住的清风，在十一年相处的细节中被消磨得所剩无几了。

辛薇想起十一年前那个穿着白衬衫的少年在树下亲吻她的额头，天那么热，他拉着她的手却始终不愿松开。他们一起看过成都可爱的熊猫，也一起见识过广州的暴雨，一起看过桂林的美景，也一起听过洱海的声音。十一年来，他们一起做过太多事，可现在回忆起来，始终想不起具体细节。

有人说，时间会让人产生习惯，一切都会变得理所当然。那么，周子俊，在你眼里，我对你的爱，是不是也是理所当然？辛薇想问，可始终没有答案。

周子俊再一次没回家，辛薇想爆发，却没找到出口。于是，她买了几瓶啤酒，一瓶又一瓶不停地喝，直到最后头晕目眩，模糊中好像看到了曾经疼她宠她的白衣少年。

她冲着他笑，“你回来啦？我很想你，你知道吗？”

她摇摇酒瓶，却被周子俊一把夺过酒瓶。辛薇想要夺回，却意识涣散，下一秒便不省人事地倒在沙发上。

周子俊跑进洗手间，打开热水，拧了湿毛巾给她敷上，又跑去厨房找醒酒的食材，打开冰箱却空空如也。周子俊愣住了，以前冰箱都是各种新鲜的食物，究竟多久没在家好好待过了？短暂地停留后，他来到茶柜前，除了小半包的葛花茶什么也没有。他泡好热茶，坐到一旁看她熟睡的脸孔。

以前他为了早点买房，一毕业就四处奔波，过了两年总算安定下来，却又忙于应酬，总是很晚才到家，可不管多晚，辛薇都会倔强地等他。起初他还劝她不要等自己，早点休息，可辛薇依旧会安静地等他回来，有时候睡着很久他才到家。他看着蜷缩在沙发上的她，总会亲亲她的额头，然后轻轻把她抱进房间。

直到有一天，他带着一身酒气回来，辛薇手忙脚乱不知该做点什么，慌乱中跑下楼买了几瓶醒酒饮料。她不知道哪个牌子管用，所以一样买了一瓶。从那以后，家里必备各种醒酒茶和醒酒汤。

这些年，她一直在迁就他，付出了太多，可他却变了。她越是百依百顺，他越觉得无趣，到底是哪里出了问题？他曾经问过自己无数次，最后都自我安慰会好起来的，于是他开始逃避，不给小惊喜，忽略了她也忽略着这份感情。

可周子俊明白，他爱她，从不用怀疑。只是，这爱在慢慢变淡。

周子俊因为照顾了辛薇一宿，天色渐明才沉沉睡去。直到离他上班还有一小时，辛薇才被闹铃声惊醒。那是她手机每天这个时间都会响起的铃音，以前怕吵到他，她便将铃声音量调得很小，后来他渐渐不回家，她便调大了音量，习惯性地起床做早餐，即使餐桌对面很少有他的出现。

她按掉闹钟，看见周子俊的那一刹那，脸上的表情由震惊转变为微笑。看吧，辛薇就是这样一个容易知足的小女人。她起身走进厨房，却发现什么吃的也没有，原来她也很久没做过早餐了。

简单洗漱后，她轻轻打开门，楼下现在刚好在卖早点，她破天荒地买了最便宜的豆浆和油条，提着两个人的食物，一路上脚步轻快。等到她到家的时候，周子俊刚好醒来。

辛薇拉着周子俊去洗手间，他洗漱时她早已摆放好早点。两人面对面坐着，没说话，气氛很是安静。他有点尴尬，于是专心吃油条。不知怎么，吃着吃着突然就觉得难以下咽，嗓子堵得难受，一下子使劲咳了起来。

辛薇急忙将豆浆递给他，迅速跑到对面拍他的背，嘴里一直轻轻念叨着："好点了没？"

只有周子俊知道，自己不是被呛到，是突然想起了他们刚毕业的那段日子。两个人挤在狭小的出租房里，为了省钱，只好吃豆浆油条，可那却是两人最快乐的时光。她温柔，他体贴，吃饭时他俩有说有笑；送他出门，她总会调皮地说："你早点回来，别到处勾搭小妹妹。"他总是笑笑什么也不说，亲亲她的额头才转身离开，小小的房间里满是欢乐，真让人怀念。

辛薇收拾好餐具，送周子俊出门，他穿好鞋正打算转身，她的话便在耳边响起："我们晚上去看电影吧！"

周子俊有些诧异，已经很久没有一起看过电影了，她不提，他也不问。于是，他上前一步，亲了亲她的额头，轻轻答道：“好！”

电影是出喜剧，辛薇看得笑出了眼泪，周子俊发现的时候，她早已泪流满面。他懂，她是看见结尾男女主角在礼堂宣誓会爱对方一辈子。

电影散场后，他们最后才离开，他拉着她的手回家，路途不算近，路过奶茶店的时候，他给她买了最爱喝的酸梅汁。一路上两人没怎么说话，快到小区门口的时候，她突然停住脚步。

“你停停，闭上眼睛，我给你看样好东西。”周子俊难得像十一年前她配合自己那样听话。

然后，她趁机踮起脚尖，轻轻吻了他的唇。周子俊惊讶地睁开眼，她顺势依偎到他怀里。他一仰头，看见郁郁葱葱的叶子，月光倾泻而下，眼前的爱人仿佛一下子回到了十八岁。

他一下子反应过来，原来从早上开始，她一直在帮他追忆往事。那些温暖的过往，一一浮现，慢慢变得清晰。

辛薇感觉到一只大手覆盖上自己的后脑勺，接着他认真地说：“对不起，让你等了我这么久。”

“嘘——别人都不知道，所以我们还是和从前一样。还有，你忘了，少讲对不起，多说我爱你。”

她抽了一下鼻子，更加用力抱着他，继续说：“当爱情余额不足的时候，能不能把你的心，拿来让我尽快充值？”

他忽然开怀一笑，才发现，这个姑娘依旧那么可爱，“笨蛋，我们回家吧！”然后他便紧紧拉着她的手，手心里传来的温暖让她知道，他们的爱情已经复活了。

姑娘别跑，等我可好

一阵风吹来，扬起细细尘沙，宋乔抬起手挡住双眼。任哲西在不远处看着她，想上前又不敢迈动脚步，这是他偷偷尾随她第五十八天了。

任哲西清楚地记得宋乔每周五打扫卫生，她负责旧教学楼那边的小花园，还要倒垃圾。在鹿泉三中，倒垃圾是个艰难的任务，因为学校离垃圾场很远，所以每次倒垃圾的同学都是结伴而行。但宋乔是个例外，她喜欢一个人去。

任哲西不记得什么时候开始注意起宋乔，也许是清明节扫墓她上台致辞的时候，也许是那次打架人群分散开后她跑过来扶起他的瞬间，也许是从十七班门口经过不经意间瞥见她抄板书的一刹那，又或者是她胆怯地把别人的情书送到他手里的那一会。任哲西自己也想不起，但他可以肯定的是，自己的确被她深深吸引住了。

即使任哲西完全陷入回忆，还是被不远处轻微的脚步声拉了回来。宋乔正在搬一个不大的花盆，陶瓷与石台摩擦发出的沙沙声有点刺耳。任哲西皱了皱眉，完全搞不懂这个小姑娘在干什么。

很快宋乔就把一个浅绿色的信封放在了花盆底部，来来回回调整了很多遍，才确定好位置。宋乔退后一步，眯起双眼，嘴角轻轻上扬，转身欢快地离开。

任哲西看着渐行渐远的宋乔，马尾也比白天活泼了很多，很有节奏地摆动，像小松鼠的尾巴，可爱极了。

任哲西来到花盆前。那是一株月季，红色的花瓣在五月里开得娇艳欲滴，羞涩地在风中摇曳。他伸出手想将其固定，不料却被茎秆上的刺扎到了指尖，一阵疼痛后血迫不及待地涌了出来。他拿到嘴边吸了吸，血很快被止住。

徘徊半晌，任哲西最终也没搬开花盆。

他骑着自行车跟在宋乔身后。她骑车的速度很慢、很专心，好像周围再喧闹都与她无关。她习惯从左边上车、下车，脚落地的时候声音很轻，生怕惊扰了什么。她家有一只很大的黑毛狗，每天会准时等候在大院门口，任哲西曾听见宋乔喊它“黑子”，那声音轻轻柔柔，如耳边呢喃。

“任哲西。”身后传来熟悉的声音。

任哲西不急不缓地停下车，单脚踩在地上，等身后的人上前。

“你干什么呢？那不是我们班宋乔吗？你跟踪她？”说话的人是他的同胞妹妹任菱西。

“你回家不从这条路走啊？”任哲西翻个白眼，巧妙地回答了她的问题。

“喂，还有一个月就期末了，你加把劲，考到我们班来呗，这样我们就可以一起回家了啊。”任菱西满眼期待地看着他。

“我考虑考虑。”任哲西优雅地抬起脚，蹬着脚踏板，缓缓向前。

任哲西每次这样说的时候，就表示没有商量的余地。任菱西用力踩了几下自行车，努力赶上他，嘟着嘴撒娇：“哥，你跟我一个班怎么啦？要不然我交白卷，去你们班……”

任菱西正为自己的妙计得意，不想任哲西突然刹车，猛地停了下来。

“你不许交白卷。”任哲西一脸严肃地说。

任菱西这才匆忙停下车，回头看见他严肃的表情，不敢说话，轻轻地点了点头。

他们生在一个单亲家庭，父亲在他们五岁那年出了车祸，经抢救无效，永远从他们生活中消失了。母亲由于带着两个孩子，不容易再嫁，从此母子三人过上了相依为命的日子。妹妹任菱西从小就很懂事，学习成绩优秀，一直是老师们的心头好。任哲西聪明，却不爱学习，他总觉得学校教的很多东西根本没用，他喜欢一切特别的东西。因为母亲工作忙碌，所以照顾妹妹是他必做之事，一来是为了让母亲省心，二来他真的很疼爱她。

“我尽量。”沉默许久，任哲西开口轻声说道。

周一早自习是语文，任哲西不再埋在一摞课本中昏昏欲睡，他开始背诵《荷塘月色》中的佳段美句。在这个全年级最差的班里，这是一个奇迹，也是一个笑话。任哲西记得开学时年级主任把他叫进办公室，语重心长地问：“你看看你妹妹，再看看你，天天打架，这成绩丢不丢人？”那次他考了全年级倒数第二，倒数第一的同学因为生病没来参加考试。

“任哥，十七班不是你想进就能进的，你还是趁早死心吧。”同桌慵懒地看了他桌上目标栏写着十七班，迷迷糊糊地提醒道。

任哲西没有回应，继续自顾自地看书。阳光从窗户间的缝隙悄悄溜了进来，洒在他脸上，柔柔的，很久不曾有过的温暖。有多久没好好享受过阳光了，又有多久找不到出口了，他突然感到有点失落。就像是每次离宋乔那么近，却没办法靠近的感觉。

晚自习过后，任哲西习惯性地等在校门口报刊亭处。九点半，宋乔准时推着自行车出来，他紧跟其后，路边灯光昏黄，这个时间点，路上行人最少。普通班的学生九点就下了课，实验班的大多数学生离校时已经十点。任哲西一直不明白，为什么宋乔总是九点半回家，难道仅仅是为了错开高峰期？他不信。

很快到了宋乔家，她一如既往地摸了摸黑子的脑袋，轻轻推开院门，消失在黑暗里。任哲西点燃一根烟，烟火在黑暗中星星点点，那么不起眼，他觉得跟自己很相似。

翌日一早，任哲西想考进十七班的消息轰动了整个一楼，有其他班平日势不两立的差生跑来：“任哲西，你以为你很牛是不是？不过是被老子踩在脚下的一条狗，想翻身？门儿都没有。”

说这话的算是一楼的老大周强，连教导主任都拿他没办法。任哲西抬头看了他一眼，戴上耳机，继续背英语单词。

这一举动彻底激怒了周强，他一直看任哲西不顺眼，这个毛头小子凭着好看的脸和很好的脾气轻易在一楼拿下了与自己平起平坐的地位。男生间最大的仇恨，不过是因为女孩子，因为任哲西的存在，任菱西看都不看周强一眼。

周强冲上前，掀起任哲西的课桌，瞬间课本漫天飞。任哲西握紧拳头，狠狠地瞪着周强，教室的人很快分成两拨，周强看着任哲西身后明显比自己多的人，踢了踢跟前的语文课本，转身离开。

有几个兄弟正欲冲上前，任哲西摆了摆手，默默蹲下身开始捡课本。

五月的最后一个周五，第六十八天，任哲西在心里计算。今天天气格外闷热，他也有点烦躁。宋乔倒完垃圾已经七点，这个时候学校异常安静。她今天穿着白色T恤，衣服很旧，但很干净，就像用立白洗衣粉洗过一样。

任哲西紧紧捏着信，直到宋乔进院门，他也没勇气喊住她。他看着粉色信封上有不大的一片汗迹，又望了望宋乔家的大门，黑子在院门口悠闲地摇着尾巴，嘲笑地看着任哲西。他有点郁闷，狠狠地向它踢去一个石子，不偏不倚打到它的前腿，黑子发怒地冲他狂吠。宋乔的声音从里面传来，任哲西吓得踩着自行车飞快逃跑，不敢回头。

模拟考的前一天晚上，任菱西被周强堵在了她家门口。她不想理他，好脾气地让他走，可周强不听，双手攥住她的胳膊："快一年了，你就这么讨厌我，连个好脸色都不给我？"

任菱西吓得一脸煞白，不停地打着哆嗦，想喊，却怎么也喊不出来。

周强似乎喝了点酒，有点神志不清，看着眼前逐渐放大的脸，任菱西想逃，周强一把将她拽进怀里，任菱西怎么推也推不开他，无奈一口咬在了他的手上。周强疼得龇牙咧嘴，这一声"啊"把任哲西引了出来。

"你混蛋。"任哲西看见周强怀里的任菱西，拉过她，一拳向周强挥了过去，然后两人匆匆跑进了后院，反锁了院门。

模拟考试成绩公布那天，任哲西开心了好久，跟小伙伴一起庆祝到晚上十点。刚下过暴雨的地面很滑，任哲西刚从餐馆出来，就被周强绊倒在地上，疼痛让他的酒醒了不少。他爬起来，刚往前跑了几步就被周强手下的人拦住了去路。

“你再跑试试？啊？你跑啊……”周强恶狠狠地敲着任哲西的脑袋挑衅道。

一顿拳打脚踢过后，周强还没解气。他拿着一个啤酒瓶，正打算狠狠砸向任哲西的脑袋。

“周强，不要。”声音急促又带有一丝央求。

迷迷糊糊中任哲西看清那人的脸，是宋乔，他一直心心念念的女孩儿。她匆忙跑过来，与周强对视了足足两分钟。这两分钟好漫长，就像过了一个世纪那么长，长到任哲西都快睁不开双眼，感觉不到周围的喧闹。

周强看了看宋乔，只说了句：“早点回家。”

宋乔慌乱地扶起任哲西，将他手搭在自己肩上，拦了辆的士，直奔任哲西的家。任菱西听见门铃声，快速跑出来，看见伤势严重的任哲西，“我哥怎么了？”

“伤得不太严重，你去打盆热水，我给他清理下伤口。”宋乔说话间迅速扶任哲西进门，已是深夜，要去医院还得挂急诊，再者她身上没钱。

这是第八十三天，离期末考试还有半个月。任哲西打心底觉得身上的伤口一点也不疼，这样的时刻，他觉得异常安心。很久没有这样被人照顾过了，很久没有好好睡一觉了，此时此刻，他只想好好休息下，太累了。

梦里他看见了父亲，和蔼的笑容，好温暖，许久之后，父亲慢慢起身离开。任哲西此时嘴角抽动下，喊了声“爸”，又安静地睡去。四周开始慢慢亮起来，眼前一片浓雾，他伸了伸手，什么也没抓到。这时一个女孩子的声音响起：“我在这里，别怕。”这声音实在是太耳熟了，他转身便看见了宋乔，她对着他微笑，那笑容真好看。他上前一步，岂料她一下就退进雾中，任哲西使劲喊她的名字，却只有回音在空旷中回响。

任哲西被吓出了一身冷汗，这时妹妹刚好倒了杯热水端进来。“醒了，还好吗？实在不行我们去医院吧？”

“昨晚我怎么回来的？”任哲西不相信是自己做梦，因为那一切都那么真实。

“你自己骑车回来的，伤成这样还能骑车。谁打的你啊？不是答应我好好学习的吗？怎么又打架？”任菱西把水递给他。

任哲西掀开毯子，跑向门外。果真！那自行车确实停在那里。

“我真是自己回来的？”任哲西转身不相信地问。

"是，你真是自己回来的，还好伤口都没什么……"

对，伤口，他记得她给他包扎了伤口，任哲西匆忙解开上衣扣子，没有，怎么会没有？难道真是自己做梦，明明那么真实。

周一晚自习下课，任哲西早早等在校门口，这一次他没有躲进报刊亭。很快宋乔出来，任哲西转身推着自行车上前，一抬头就看见了宋乔的微笑。这笑容不是冲他，而是冲她身旁的一个高个子男生。

"不是约好周五见吗？你怎么没来？"男生小声地问宋乔，但这声音任哲西也能听清楚。

"不好意思，我失约了。"宋乔始终笑着。

"算了，反正这也不是见着了？你不知道，我那天等了一个小时也没看见你，我就想这姑娘该不会以为我是个坏人吧……"两人说笑着离开。

一路上两人都有说有笑，因为离得远，任哲西很难听清楚他们话里的内容。很快到了宋乔家门，男生挥了挥手让宋乔进去，等到宋乔关上大门，他才放心离开。任哲西听见男生哼着歌离开，心里有点冒火。

人总是在别人身上看见危机。那么多机会都无法开口的事，别人一激，反倒轻而易举就说出了口。

第九十八天，任哲西决定表白，因为他终于明白，如果再不说出来，可能会是一辈子的遗憾。而他，不愿给生命留遗憾。

“宋乔。”周五宋乔照例倒完垃圾，返回学校，任哲西在自行车棚叫住了她。

片刻后，她转身，落落大方地看着任哲西：“等我一下，马上出来。”

不一会儿，宋乔便从四楼下来，安静地推着车。任哲西有点不知所措，不知道怎么开场白，倒是宋乔先开口。

“好像总是看见你呢。”宋乔歪着脑袋轻轻说。

任哲西是真傻，明明这句话的意思是她知道他常常跟着她，给他表白的机会，他却傻不啦叽地说：“不可能啊，你在四楼，我在一楼，很少能见到的，难道是课间操？”

宋乔此时脑海里该是一群乌鸦从头顶飞过，好无语。她尴尬地笑笑，“也许吧，你要考来我们班？”

“你在四楼都听说了啊？天哪，这人丢得也太远了。”任哲西不好意思地笑笑。

宋乔再一次被任哲西的智商折服了。难道你就不能顺着人家小女生的意思，说下其中的原因。

宋乔再一次尴尬地笑笑，决定不说话。一路上两人各怀心事，任哲西紧张得手心冒汗，宋乔等着他的真话。不知不觉竟然到了家门口，任哲西还是一句话都没说。宋乔刻意下车，跟任哲西挥了挥手表示再见，缓缓地推着自行车向院门走去。她在心里喊：任哲西，你这个笨蛋，机会都给你了，再不说，你就是猪头。

宋乔一步一步缓慢前行，当手接触到黑子的脑袋时，她知道已经没希望了。她看着黑子有点失落。

“宋乔。”突然身后响起了任哲西的声音。

宋乔回头，笑着看向任哲西。他深吸了口气：“我喜欢你。”

宋乔低下头，应该害羞了。他补充道：“明天雪山公园假山上见。”说完，任哲西就快速离开了。

原来没有想象的那么紧张，我终于说出来了，任哲西兴奋地加快了车速。

这一夜，任哲西失眠了，一直以来，都是自己默默注视着她，她从来不知道自己的存在。今天贸然表白，她会不会只当是一个玩笑？毕竟，在她眼里，二人真的没有什么交集。

隔日清晨，任哲西就来到了约定的地点，等到八点，晨练的人渐渐散去，也不见宋乔的人影。她当真以为是玩笑？不对，任哲西突然拍了下自己的脑袋，“我昨天没告诉她时间。”任哲西真是要被自己蠢哭了，他跑向附近的小摊，买来两瓶饮料，其中一瓶是果粒奶优，她最喜欢的饮品。

任哲西刚付完钱，身后甜甜的声音响起。他假装淡定地转身，只一眼，便再也无法忘记。宋乔穿着白色荷叶边的连衣裙，头发依旧是扎的马尾，却比平时扎高了一点点，平常手上的腕表换成一条银色的手链，跟裙子很配。今天的宋乔，美得像个公主。任哲西紧张地上前，将果粒奶优打开，递给宋乔。

阳光有点强，任哲西拉着宋乔进了小亭子，有风吹过。

也是在那一天，任哲西才知道：她每天九点半回去是为了给下班的父母做饭；周强是她小舅家的儿子，那天送自己回家的就是她。

而关于花盆下的信以及很多细节，任哲西永远也不会知道。因为那是宋乔的秘密，他以为最开始走进这段感情的是自己，其实，很多不过是宋乔的有意为之。比如那些信本来是写给任哲西的，可是他一封也没看；比如那天送她回家的不过是班里的同学，因为瞥见角落里的他，她才决定演这出戏；比如她在他注意她之前已经悄悄跟踪过他；还比如她一直都知道他跟在身后，故意把车骑得很慢，只为等他上前……

春暖花开，恰逢你来

距离纪录片报题会还有三个星期，云溪决定按照晨报微信订阅号留下的线索去寻找那个瓷刻人。想要联系到他，很容易也很复杂，她通过好几个记者才要到他的基本信息。

吃饭的时候，手机突然震动了下，她轻轻点开，是上午那个未曾谋面的记者发来的消息，“不好意思，刚在忙。你别那么客气，以后互相学习。”

“谢谢袁记者，你先忙，改天再请教你。”云溪发出这条信息后，又跟他聊了几句，便匆匆赶去教室。

隔天一早，天气很好，阳光铺洒在校园的水泥地面上，映着大大小小的人影，热闹非凡。

大概是因为阳光太好，云溪忍不住放慢了匆匆前行的脚步，仰头，眯着眼，脸上立刻有了温暖之感。她微微一笑，许久后才拐进宿舍楼道。

就在这个时候，电话响起，刚接通就听到那边传来声音："云溪，有个帅哥找你。"

云溪拿下电话，看了下电话号码，确实是陌生号码。这声音她并不耳熟，于是，她试探地问："您是哪位？"

电话那边沉默了，云溪这时脱口而出："是袁记者吗？"

"记性还不算太差，我带你去见周先生，有空吗？"他问。

云溪连连说有空，两人约好在学校北门见面。云溪穿着牛仔背带裤，匆匆跑向北门。

初春的风有点清冽，她栗色的头发被风吹得迷了眼，他远远地就在人群中发现了她，看到她用手顺了顺额前的碎发，不一会儿又被风吹乱，她急忙用手扶住额头。等跑到门口，她东张西望，良久也没寻到他。

他漫不经心地向她走去，趁她不注意，在她身后一本正经道："同学，你在找人吗，需不需要我帮忙？"

云溪抬头，对上他好看的双眸。她本不是害羞的女生，却被他的话逗红了脸。

他很健谈，这样的人爱分享，有聊不完的话题，也特别容易拉近彼此的距离。他爽快大笑时会咧着嘴，下巴上的小胡须也会跟着动起来，给人一种喜感，这滑稽模样使得云溪好几次几乎忍不住笑出声来。

聊得兴起的时候，车开到了老气象局居民楼前。他开车格外有灵气，手轻轻一抖，就绕开了路面下陷的井盖。

云溪跟着他穿过逼仄的巷子，来到一所破旧的房子前。若不是四周的君子兰以及干净的铁门，云溪会严重怀疑这地方很久都不曾有人居住。

他上前，轻轻叩门，声音不大不小，刚好里面的人能听见。开门的是一个五十出头的妇人，衣着朴素却干净，笑容满面地跟他们打招呼。

“小袁，你们先坐会儿，先生送学生去了，半个小时就回来。”说话的人是周先生的妻子。

果真，周先生很快就回来了。他上前跟周先生问好，简单地说明了来由。云溪以为这样有身份地位的人应该会不大乐意接受学生的采访，心里不免有些忐忑，但周先生很快答应，并约好了下次见面的时间。

云溪怎么都没想到，事情办得如此顺利。她笑呵呵地说：“晚上一起吃个饭吧，今天谢谢你了。”

“吃饭可以，为了答谢而请客的话，我就不去了。”他专注地开车，脸上很是平静。

“吃饭！”云溪哪里是他的对手，于是一急，就脱口而出。

那模样倒显得可爱。他微微一笑，手稍稍一动，车就改变了原来的行驶方向。

事实上那天的最后，并不是她买的单。云溪还来不及拿包，他已经去前台付了账。她觉得很不好意思，他帮了自己那么大的忙，还让他请客。但最终云溪什么也没说。她心知，论说话，她说不过他。

之后的很长一段时间，她需要的线索大多是他提供的，一来二去，两人渐渐不再客气。云溪有时候也会学着他的样子说话，“袁大帅哥吗？今晚有美女想约你吃饭可以吗？”

“等我十五分钟。”

云溪也很奇怪，为什么每次他说十五分钟就真的能在十五分钟内赶到。有一次她啃着鸡翅，含糊着问过他。

他握着罐装啤酒，喝了一口，缓缓道：“那是因为我的车技好啊。”

云溪一脸鄙视地看着他。这个男人怎么就这么自恋呢？

云溪自是没想过会与袁大记者发生什么故事，她起初当他是老师，很是尊敬，后来当他是哥们儿，很是亲近。不过，算多了也只是哥们儿，他与她之间，她从来没想过其他的可能性。

可是，有时候，不想并不代表不会发生。日久生情本就不可避免，能避免的哪儿能叫感情？

如果说云溪对他没有任何感觉，那肯定是自欺欺人。她只是从来没有想过，有一天能站在他身边。

两个互相心生爱慕的人走在一起是早晚的事，说不出对方到底哪里好。可就是因为是他，所以即便沉默相处，也都是惬意的。

倘若有一个人能让你们之间相处起来没有丝毫的拘谨，反而轻松自在，那这个人应该算是合适的人吧！

然后，连月亮似乎都变得可爱了，它偶尔也会调皮地躲起来。那个时候，她忙着拍片子，他忙着工作，却总会心照不宣地跟对方发个信息道早安和晚安。

大四的寒假，他带着她回去见了父母，两位长辈对云溪很是满意。

饭前他跟父亲一起出去买酒，云溪钻进厨房帮袁母端菜，等到菜都端上桌了，他们还没回来。两人就闲聊起来，云溪才知道，原来叔叔阿姨一直在外工作，很少回来，他从小到大都是一个人住。

从那边回来之后，他跟云溪商量着想自己开店。他不是不喜欢记者这个行业，只是，他不想她每天等他到很晚。这些理由，他当然没跟她说，因为她知道后肯定不会同意，她一直支持他，只要他喜欢的她都会全力支持。

起初他陪她的时间的确多了，但云溪临近毕业也是忙得不可开交。慢慢地，两人在一起吃饭的机会越来越少。

偶尔也会有莫名的争吵，但当晚两人就会自我反思，然后和好。日子久了，争吵在所难免，但还好他们总有一个人会先低头。云溪以为，等过了这段时间就好了。

毕业三个月，他忙得焦头烂额，云溪找工作也屡屡碰壁。那天她吃过饭，拿出手机，忽然发现，他们竟然有一个月没有任何联系。她打电话给他，半晌才接通。

云溪“喂”了几声，那边异常嘈杂，她走到阳台边，这里的信号稍稍好一点，可电话里依旧传来刺耳的杂音。她挂断电话，走到楼下，想打车去找他，不料这时手机却响了起来。

“最近很忙吗？”

云溪开口说这话的时候，感觉像是在问候一个很久不曾联系的朋友，突然间心口就莫名其妙地难受起来，不知道是因为最近压力太大，还是因为这句说出口的话的杀伤力太大。

短短的几句问候，云溪忽然觉得很别扭，正想着如何打破沉默，他喑哑的声音就从手机里传了过来：“小溪，要不，我们分开吧？”

“为什么啊？”云溪听到这句话，突然变得异常镇定。

“这次赔了二十多万，我不知道该怎么跟你说。”

“就因为这个分手吗？没有其他原因？”云溪强迫自己镇定下来。

“没有，我不想拖累你……”

“好，你想分就分吧，我要休息了，明天还要面试。”她说完，便急急挂断了电话。

这么久不联系，她以为他会很开心，至少也该解释一下。她本想假装生气，等他哄，或者劈头盖脸假骂他一顿，她想了很多种情况，万万没料到他会说分手。

她蹲在马路边哭了很久，直到过往的车辆越来越少，她才回家。打开房门，她没有开灯。那晚她想了很久，最后流着泪删去了所有关于他的东西。

既然他觉得她跟着他会委屈，觉得不该继续走下去，那她还能说什么呢？那么久的等待，却换来一句分手。他们在一起这么久，他怎么会不知道，她在乎的怎么会是奢侈的生活？本来她那段时间身心压力都大，还总生病，他问都没问一句，就连短信也很少回，而这一联系，他没有半句问候，反而要分手。

他这般逃避生活的考验，她觉得真是太陌生了。她想起他妈妈的那句："因为他从小一个人，所以很怕给别人带来麻烦。"此刻她只觉得心灰意冷。当初觉得，这样的人才是有担当呢。

如果他说，他会想办法弥补，她肯定会全力支持。困难出现，他这样推开她，就算是因为爱，她也没办法接受。两个人在一起，不就应该共同面对一切吗？

她跟他就那样干脆地分开了，此后再也没联系过。她除了那天撕心裂肺地哭过，再也没为他流过一滴泪。

很快，云溪找到了一份薪资不错的工作，每天除了上班别无其他。她突然觉得，为什么不考研呢？真的是突然想到，以前她从来没考虑过考研。她一直都是一个想到就做的人，当天就查好了学校和资料。

在那十个月的时间里，云溪白天上班，通常夜里十点才回去。回到家里，洗个澡，静静地坐着，闭上眼睛听几首歌，再打开电脑看当天的新闻，然后开始背考研资料。

每日学习到凌晨两点，伸个懒腰钻进被窝，一夜无梦。

隔日七点，她顶着两个黑眼圈，匆匆赶上公交。那个时候，抓着扶手都想睡觉。

考研结果出来，云溪一边哭一边笑，望着窗外阳光明媚的好天气，她觉得心里特别舒服。

她坐在天台上晒太阳，觉得像刚参加完高考一样，心里的压抑也不知不觉在忙碌中消散了。她想，原来，很多事真的都会过去的。

而袁这边，渐渐也开始明白，未来的计划里，缺了某个人算不得完整。如果能从头再来，他会让云溪守在他身边，因为他明白自己只是一个平凡的人物，能看穿未来的空间，也能预估自己明天的收入。总想着打拼出一个更美好的明天再跟她携手未来，却忽略了，人本来就是活在当下的。

连今天都不敢勇敢地在一起，还奢望什么明天。

春天来到，袁欠下的债也还了四分之一。

云溪看着阳台的君子兰，突然想起他们的初见。

一切都会变暖的。

变暖的，不仅仅是天气。

K819 次列车的终点站，是爱

（一）

张景云与叶希相识于 2009 年年末，那个时候河北的风还很大，干冷干冷的。街上的行人都裹着厚厚的羽绒服，深一步浅一步地走在大雪里，留下很多串长长的脚印，可爱极了。

叶希趴在窗台上眯着眼睛，啊，是那个黑衣人。这已经是她第 108 次见到他了，他整个冬天都穿着黑色的大衣，除了露出两只眼睛，其他的皆可以融入夜色里。

叶希直起身来，快速地跃下层层楼梯，来到马路上。他已走远，叶希下意识想要赶上去，却不知为何，挪不动双脚。她就那样眼睁睁地看着他消失在夜色里，许久之后，才想起要转身离开。

隔日一早，叶希等候在被大雪覆盖的马路边，她猜想他一定会从这里经过，虽然她没在白天见过他。她立在大雪里，不多久，她肩上已有厚厚的积雪。黑衣人还是没出现，她有点失落，转身往回走。大院的门咯吱一声被推开，小黑亲昵地跑来蹭她的腿，她弯腰抱起它，在那双琥珀般的眸子里看见了满脸失望的自己。

叶希努力笑得自然些，将小黑轻轻置于地上，便看见它一溜烟儿不见了。多像他呀，她轻笑。

叶希坐在窗台上看着窗外雪花纷飞，天慢慢暗下来，她困了，闭上眼。

醒来时，有些冷。她看了看腕表，刚好九点，还有一刻钟的时间他就会出现。她打起精神，直直地看着马路，果然，马路那头隐约可见一个小黑点，是了，肯定是他。她不免有些兴奋，心里又莫名地紧张起来。

眼看着黑点逐渐放大，她顾不了那么多，跳下窗台，匆匆跑下楼。

“嗨，我已经等了你 109 次了。”她落落大方，丝毫没了先前的紧张之感。

黑衣人显然被惊吓到了，因为眼前是一只黑色猫咪，他诧异这声音来自何方，确定不是这只黑猫说的，因为猫不可能会讲话。他轻轻抱起它，它温顺地用脑袋蹭了下他的手，他这才看见它脖子上挂着的小型MP3。原来是录音，他笑着摇了摇头，心里纳闷这猫的主人该是个怎样有趣的人。

怀里的猫咪有点不乐意了，它用爪子轻轻抓了抓他的衣服，倔强地要挣脱他的怀抱。他手一松，它竟悠然落地，跑进雪里，跑向大院。他鬼使神差地跟了上去，可没走几步，就反应过来，不觉在心底骂自己无聊。

于是，他转身，一步步远去。

屋内的叶希浅笑着抱起小黑，轻轻取下MP3，看着依旧播放着的空白音，亲了亲它的脑袋："谢谢你，小黑。"

这是2009年的最后一天，过了零点，2010年的钟声就会响起。那晚，整个夜空都异常绚烂。

（二）

转眼冬去春来，叶希再也没见过那个黑衣人，他似乎人间蒸发了一般，可她依旧每晚九点就等候在窗台边。什么时候开始，这已经成为一种习惯？

六月的风夹杂着高温，好似要席卷走人们体内的水分。在这样闷热的天气里，她又一次看见了那个黑衣人，只不过，这一次，他换成白T恤、牛仔裤。

其实这不是她第一次看见他的脸，早在进校第一天，她就看清了他的脸。眉毛很浓，鼻梁高高的，嘴巴永远勾起好看的幅度，小麦色的皮肤让他整个人看起来精神饱满。

“嘿，这是我第110次看见你呢，你再不出现，我就要报警啦！”她缓缓开口，满脸笑意。

一阵风吹来，她的白裙也随风轻轻飘动，她站在他眼前，故作淡定地看着他。

他觉得这声音很耳熟，却怎么也想不起在哪里听过。他若有所思地看着她，片刻后才想起她是谁，“初三实验班的小才女叶希，我知道你”。

她有点惊讶，这年头还有人关注校报，更何况还是高中部的他。她埋头，轻声说：“解放了？”

“嗯。你不也解放了？”他嘴角上扬，依旧是好看的弧度。

“哪里？高中不是更累吗？我看你从来没有在九点之前回过家。”她提高了些许音量。

他愣怔片刻，没细想她话里的意思，侧头调侃她：“果然是小孩子啊，贪玩。”

她本想反驳，却找不出合适的词语。于是只好尴尬地笑笑，便沉默下来。她走在他身边，空气里依然翻滚着细小的风沙，她不觉得讨厌。正午的阳光有点毒，她的额头渗出细小的汗珠。她有点热，一同沸腾的还有她的心。

“你家在哪里？”他漫不经心地问。

叶希这才想起快到家门口，她抬头微眯着眼，“那边。”

他顺着她手指指着的方向看去，似觉眼熟，一时想不起。他回头时正好瞥见她额头上的细汗，就像晨间的小露珠，落在她光洁的额头。她的脸因为天热的缘故而微微泛红，眼神清澈而坚定。

“给你。”

她看着他递来的湿纸巾，绿色版的心心相印。她接过，轻声说了句谢谢。

“我家到了，再见！”她并没有撕开湿纸巾的外包装，冲他摆摆手，转身离开。

他看着她的背影，她的马尾在脑后束起，有点松，但不凌乱，走路的时候，马尾也有节奏地随着她的步子摆动，很好看。下一刻，他似想起了什么，黑猫、女声、109次。他终于想起来了，不免嘴角上扬，这一次，勾起的弧度稍大了些。

她欢呼着上楼，心里的某个角落，有那么一点点软，一点点热，像有一团小小的火苗，摇曳着。

（三）

夏天的夜晚带着特有的干燥和闷热席卷而来，路灯的光白晃晃地亮在头顶。叶希站在涂着白色墙漆的大院门口等待张景云，他们约好在这里见面。准确地说，是她约好在这里等他。

等待是一件漫长而备受煎熬的事情，它貌似给时间增加了长度，好像永远走不到下一秒。她走进马路中央，看着路的那头，没有他的身影。有车喇叭声传来，很是刺耳，她只好退回到路边。心里莫名有点失落。她想，他应该不会来了吧。

正在失落之际，一辆出租车停在了她的身前。他探出脑袋："上车。"

叶希脸上露出兴奋之色，拉开车门，缓步而上。

“等多久了？”他一如既往的淡定，却未藏住眼底的担忧之色。

“没有啊，我也是刚到。”她侧过身子假装整理小包，怕他看出自己在撒谎。

车窗外的建筑物和树木迅速倒退，叶希有点头晕，忍不住用右手撑着脑袋，闭上眼，这才稍微舒服了点。

不一会儿，她便将自己的脑袋靠在了他的肩上。他本想提醒她，但心知她晕车，这会儿好不容易睡着，便不忍心开口。他努力稳住自己的身体，尽量不晃动，好让她睡得舒适些。

车在石家庄市区绕来绕去，最后停在了火车站停车处。他抬了抬另一只手，单手拿出钱递给司机，动作幅度并不大，她却感觉到了。她睁开眼，还有点迷糊，“到了？”

睡觉后声音带着特有的喑哑，她看了看腕表，“这么快？”说着便打开车门跳了下去。他看着那样的她，忍不住摇头浅笑。

司机是个温和的大叔，他将行李取下来，意味深长地看了眼张景云，又笑眯眯地看了看叶希，便转身走向了车头。

叶希是个后知后觉的人，性格虽然不大大咧咧，但也不是细心的主。她当然不明白大叔眼里的意有所指，单纯地以为那是大叔为人和善。于是，她热情地跟司机说:“谢谢您，路上小心。”

张景云有点想笑，不愧是小姑娘，“还有两个小时，我们去吃点东西吧！”

“我不饿。”她直截了当地拒绝。

他笑了笑，径直走向存包裹处，把包裹递给工作人员，拿着不大的牌子转身走向叶希。他看见她没要走的打算，嘴角又弯了起来，“走吧，四处看看。”

他们走在热闹的街道，月光将他们的影子拉长。她稍稍侧头，两个影子就暧昧地靠在一起，她惊讶于自己的发现，看着影子偷偷在心里笑了好多遍。只不过是小女生的心思，他哪里会不懂。他却不道破，任她小脑袋瓜胡思乱想着。

就这样时间一分一秒过去，彼此没有过多的沟通，她却很享受那样的感觉。她想，大概，也只有他才能让自己如此安心吧。

那天的最后，她目送他进站，却始终没有说再见。从那个时候开始，她在心底悄悄有了目标，郑州，等我。

（四）

天气一天凉过一天，有时候早上起来也会看见窗外的树枝上凝了一层薄薄的霜。这样的时刻，叶希忍不住打开手机，给他发一条微信。内容很简单，不过是“早”“早安”等一些无聊的问候。

上了大学的他似乎很忙，总是要过很久才会回她的消息，偶尔也有等不到他回复的时候。这样的时候，她总会抱着手机沉沉睡去。翌日一早，她从闹铃声中醒来，慌忙而充满期待地按开手机，可是，什么都没有。

她有时候写着作业会突然失了神，上着课会不觉走了魂。等她回过神来，看着堆积如山的课本，心里便涌起一阵烦闷。

这样的日子一直持续到高一下学期分班，她看着试卷上惨不忍睹的成绩，很是压抑。她不喜欢理科，可是她的地理也差到了极点。

晚上躺在床上，她辗转难眠。瞥见了正在充电的手机，她下意识地伸手拿过手机，登录QQ，点开他的空间。

下一秒，她清楚地听见有什么破碎的声音。照片上他依旧勾起好看的嘴角，身旁站着的，是一个眉开眼笑的姑娘。那个女孩子算不上美，但站在他身旁，却是极其般配。

叶希几乎快要哭出声来，她颤抖着点开对话框打了几个字：恋爱了？附带了一个可爱的表情过去。

2011年的2G网，慢得让人有想摔掉手机的冲动。可是，他却回复得很快，“嗯，怎么样，对嫂子还算满意吗？”

“不满意，没有希儿可爱。”她佯装不满道。

“是是是，希儿是妹妹嘛，最可爱了。”他顺着她的话说。

末了，她认真地说：“你们很配，会幸福的。”说完，她便匆匆下线，躲在被窝里轻轻抽泣起来。她想，她的暗恋就这样没了，还没开始就结束了，真好笑。

叶希花了很短的时间来调整自己的情绪，等到心情平复下来，便将所有的心思都用在学习上。她想，即使以妹妹的身份，也要待在他身边。她原本不是一个倔强的人，她只是觉得，人都会执着于某个人或某件事的，譬如张景云之于她。

然而，事实上，生活并不是计算好的公式，不是所有的东西努力了就会达到预期的效果。人生会有各种让你手足无措的意外。叶希的高考失误让老师都觉得诧异，比平时低了足足一百分。

这一次，她将自己关在房间里，谁也不见。心里的希望就此破灭，她以为，从此以后，她就要失去张景云了，彻底失去。

叶希提着重重的行李箱，看着熟悉的火车站进站口，咬咬牙，走了进去。

火车一路南下，周围都是陌生的人。她安慰自己，听说重庆的风景很美呢。嗯，那就当给自己心灵一个假期好了。

（五）

事情的转变不过是因为那个女孩子执意要回北京，张景云百般无奈，再三苦苦相求，她依旧没松口。

她是在 2013 年的最后一天离开郑州的，他并不知情。等到他收拾好行李打给她电话时，电话那头却传来机械的女音。他跑到她的宿舍楼下，室友告诉他，她一早就离开了。

他以为她不过是耍耍小脾气，可是当他再次打去电话，那边提示他是空号时，他就彻底慌了。他买来机票，连夜赶到她家，不料却被她父母拒之门外。

他在街头落寞地走着，手机 QQ 上他发出去的消息如石沉大海，没有任何回音。他铁了心要等到她，跟她道歉。可是，不过半个小时，他就看见了她挽着陌生男子的胳膊朝这边走来。

他想躲，已经来不及。他上前，直直地看着她，那眼神太过复杂，把她吓到了。然而也不过是短暂的几秒，她便一脸漠然地向前走去，没有要跟他说话的打算。

“他是谁？”他终于忍不住抓住了她的胳膊。

“你看不到吗？我男朋友。”她似乎有些懊恼地说。

不等他开口，她便用力挣开他的手，补充道：“张景云，我要的生活你给不了我，请你以后别来打扰我。”

他看着她消失在夜色里，心里突然泛起恶心。你要的生活我给不了你？哈哈哈，真可笑。他愤怒之余，朝墙上狠狠踹了一脚。

他日日酗酒。叶希的电话打来时，他刚好喝得烂醉，他接起电话：“滚啊，滚远一点！骗人的，那些都是骗人的……”

叶希听见电话那头他语无伦次的话语，心里不免担心起来，她不知道所为何事。她想都没想就打开电脑，买了当天的火车票，赶往郑州。

她按照他之前给的地址向人打听，才赶到他的住所。她用力拍打着门，不一会儿门开了，她看着眼前的他，惊讶至极，胡子拉碴、衣衫不整，完全一副邋遢颓废样。

叶希二话不说，夺门而入，迅速收拾起屋子来。等他酒醒后，她将早已熬好的粥端到他面前：“还没死，就没什么过不去的坎儿。”

张景云抬头看她，心里很是诧异，什么时候开始，她竟成长到这般。要受多大的苦，有多坚强，才有这般彻悟。

一刹那，他自愧不如。而后，他强打起精神，继续生活。怎么着也不能让一个小孩子看了笑话不是，他暗想。

（六）

张景云的屋子恢复了原样，他扔掉了一切关于那个女人的东西，大到衣柜，小到耳钉。

日久生情并不是骗人的，心动跟感动还是有所区别。当张景云再次乘着 K819 次火车到达终点站时，叶希也再次早早等候在了出站口。就像当年送他离开一样，只是这一次，阳光暖到了她的心里。

“嗨，这是我第 520 次见你。”她如往常一样，俏皮地吐出那几个字。

他笑着摸摸她的头，转眼间竟走过了三年。他惊讶于时间过得如此之快，震撼于她记忆力如此之好。他伸出手，握住她的小手，掌心里传来的柔软让她很是安心。于是她忍不住笑了，他看着她那可爱的模样，想起很多年前她专注地看着依偎着的影子，心里觉得暖暖的。

他想，是时候表白了吧？嗯，是该表白了。

晚上华灯初上，她带着他去老地方吃饭，老板娘跟她很熟，打趣地问："哟，小妹儿，男朋友很帅哦。"

她突然间就脸红了，正要开口解释什么，他的手就猝不及防地伸了过来，他拉住她的手，眼神坚定而不容置疑。

他掏出早已准备好的礼物盒，盒子很小，她轻轻打开，是一条项链，吊坠上刻着她的名字。她抬头惊讶地看着他，好似没明白一般。

"希儿，我们交往吧。"不等她开口，他又接着说，"不知道什么时候喜欢上你的，总之你就在我脑海里转啊转，转啊转，不愿意停。我起初不相信，可是后来，你越来越猖狂了，吃饭的时候能看见你，工作的时候能看见你，坐出租车你也在旁边，简直就是猖狂到极点了。所以，我打算收了你……"

他说了很多，叶希听着，表情从震惊到欣喜。他表白的话简直糟糕透了，可是，她却笑了，笑得很开心。

“这是我的银行卡，你拿着，我愿意把它交给你。”

“我的车钥匙在这儿，所有权也归你。”

“我的心，在这儿。”说着他握着她的手放在他心脏那里，她清楚地感应到他心跳加快，“可惜不能掏给你看，要不以后谁来照顾你？”

一瞬间，她满眼泪水，不敢眨眼，怕一不小心就会汹涌而出。她只是无言地听着，心里却汹涌澎湃。

“户口本没带，但是，我希望那上面有你的名字。”他认真地一字一句说。

终于，泪水开始决堤，她哭着笑着点了点头。老板娘在身后端来点好的菜，笑了笑便转身离开。

“多吃点，要不然谁来照顾我？”她夹着一块肉放进他面前的碗里，俏皮地说。

你看，K819 次火车的终点站，其实是爱。不管有多远，彼此都会奔赴彼此身边，反正火车一直在开，终点站也不会变。

第三辑

最美的相遇，始于年少，止于终老

所有的情侣都躲不过彼此争执、冷战，直至精疲力竭。其实这并不可怕，可怕的是没有人愿意先投降。不低头的人哪里是情商太低，只是笃定对方不会离开，所以才懒得经营。两人间的关系就是这般微妙，以为矛盾不断容易让爱情死亡，却因互相在乎拉近了彼此的距离，仿佛冥冥之中注定了什么一样。原来，爱一个人，就会想方设法投其所好，即使两个人隔了山隔了海，也一样视对方为掌中宝。

越过山川，有我等你

（一）

2016 年，桂林。

我在漓江附近一条偏僻的街巷开了一家卖少数民族服饰和纪念品的小店，等待着一个叫季穆阳的男人。

“这几年你究竟死哪儿去了？”

“季穆阳，我很想你。”

“嗨，好久不见。”

这些话都是我在等待他时，看着密密麻麻走过的行人时想到的。我不知道他去过几个地方，也不知他经历过多少艰难，甚至不知道他变成了什么模样。

桂林的桂花有四种：金桂呈金黄色，香味浓郁；银桂为斑白色至黄白色，香气略淡；丹桂分橙红或橘红，极为漂亮，醇香味浓；四季桂花呈柠檬黄或淡黄，花香气清淡。我独爱四季桂，那也是季穆阳的最爱。

漓江江水清澈，四面环山，撑着竹筏划过，水波荡漾，顿觉烦忧全无。若逢下雨，摊开手掌，那雨轻轻柔柔落在掌心，如爱人的亲吻，细密而绵长；如遇天晴，阳光倾泻而下，江水泛起层层波光，整个江面都笼罩在金色光环中，就像走进心仪的城堡，王子就在前方。

我看过很多人走过，或急或缓；听过很多人的故事，或悲或喜。总希望能在人来人往的人群中，看到那个熟悉的身影，或者听见有人轻喊他的名字。

那个叫季穆阳的男人在我梦里出现过无数次，每次留给我的都是背影，我大声喊他的名字，他就会突然消失。梦里的我总是很蠢，明知他会离去，我还是会对着他的背影大喊。

我常常去月亮山小坐，静坐在月亮妈妈小楼，看着远山，季穆阳的脸就会突然浮现在我眼前，我常常跟他对望。我看不清他的脸，但是他的眼神告诉我他会来。

更多的时候，我只是静坐在小店门口，仔细看过往的行人，我知道季穆阳就在他们之中，即使我不知道还要多久才能等到他。

等待，是一个美好又磨人的小妖精。

（二）

2009 年，季穆阳与沁心画廊签约，正式成为画廊的画师。

我吵着要季穆阳请客，他欣然答应，我点好烧烤坐在木椅上等他，他如约而至，身边站着的是孔小菁。我夹着鸡腿的手抖了一下，它就轻轻滚到地上。

“笨尹茵，你脑子进水了吧？老这么笨手笨脚的。”我还来不及说话，季穆阳就开口骂道。

季穆阳就是这样，他对我很凶很凶，有时候我心底明明是讨厌他的，为何还会乖乖待在他身边？这个问题从我记事起就一直困扰着我。

“没事啦，让服务员过来清理下就好。”孔小菁微微一笑，一副善解人意的模样。

我承认，我打心底很喜欢孔小菁，美丽得毫无瑕疵的脸蛋，白嫩的皮肤，说起话来轻轻柔柔，我都忍不住想靠近，何况季穆阳呢？

我尴尬地笑笑，看着对面郎才女貌的一对，真想逃掉。但是，我还是厚着脸皮吃完了那顿晚餐，我吃得太多，忍不住打了一个饱嗝。季穆阳跟抓小偷一样：“你看你，不会少吃点啊？搞得半个月没见过肉一样。”

“我真有三天没碰肉了。”我翻了个白眼说。

孔小菁干笑两声，我才注意到自己有多丢人，不过人都丢了，我还能怎样？难不成去造个时光机，把时间调回到一个小时以前，如果真的可以，我宁愿今天没来这里。

“我待会儿先送小菁回去，你要跟我一起吗？”季穆阳的话把我从胡思乱想中拉了回来。

“啊……你去送，你去送，我自己回去。”我打着哈哈说，心底却把季穆阳骂了一万遍，这个臭小子真是见色忘义，看我回去怎么收拾你。

事实上，最后我也没有收拾季穆阳。回到寝室，不开灯就知道室友们肯定回家去了。我打开手机，有季穆阳的信息：“多站会儿，再睡。你吃太多了，死肥猪。”

我对着手机大骂：“季穆阳，你这个瘦死猪。”

看吧，季穆阳就是这样，一边凶我一边宠我，一边鄙视我又一边关心我。有时候我在想，如果这么多年没有季穆阳，我会怎样？想着想着我就沉沉睡去。

（三）

半夜，心里一阵一阵的恶心，我跑下床冲进厕所，几乎呕吐出当天吃的全部东西。我感觉眼睛快要睁不开，额头也直冒冷汗。我用手撑着扶台，整个人几乎要垮掉。

我靠着扶台，全身无力，就在我闭上双眼不多一会儿，就听见季穆阳的呼喊：“尹茵，尹茵……”

我想要回他，可是开口的声音自己都听不见。他一遍一遍地呼喊，我扶着墙，艰难地走向窗户。平常一分钟就能走到的地方，那一刻我觉得好长，长到好像永远也见不到季穆阳一样。

我使劲拉开窗帘，他看见我，焦急地问：“你怎么样？”

我觉得累，他的脸在我眼前渐渐模糊，随后的事，我就都不知道了。

醒来的时候，我看着头顶白得吓人的天花板，挣扎着起身，一动才感觉到手被什么紧紧抓着，我这才注意到季穆阳，他被我的动作弄醒。

“你醒了，有没有哪里不舒服？”他握紧我的手说，目光满是担忧。

“我怎么在这儿的？”我跳过他的问题反问道。

“我把你扛来的，我把你们宿舍窗户砸坏了。”他轻描淡写地说。

我才知道，季穆阳砸坏了一楼的玻璃，翻进我们宿舍，冒着挨处分的危险将我送进医院。我一时语塞，不知道要说什么好。

他起身摸摸我脑袋，转身给我倒水。我心里有说不出的滋味，下一眼看见他满是伤痕的手臂。

“季穆阳你是猪吗？受伤都不知道去包扎下？”我故意提高音量骂他。

“嘿嘿，你没醒，我不敢走。”一时间，我的眼泪汹涌而出，季穆阳你这个大笨蛋。

“又哭，你不知道你哭的时候好丑啊？快喝水。”他把水杯递过来，我看着他的眼睛，轻轻接过，眼泪还是不争气地往外滚。

“疼吗？”我带着重重的鼻音问。

“不疼，幸亏你这个笨蛋没事，要不然我可亏大了。”他故作轻松地说。

季穆阳说这些话的时候，差点让我忘记他救我的本能。善良的季穆阳遇见一只快死的猫，也会奋不顾身上前，而我，在他眼里其实跟那只猫并没有什么区别。

（四）

我已经很久没见过季穆阳了。没课的时候，他总是整夜整夜待在画廊，后来索性搬离学校，在画廊对面租了一间小房子。

我无聊的时候会给季穆阳发短信，问他在干吗？吃饭没？什么时候回学校……都是一些无关紧要的话题。可是他好像越来越忙，每次盯着手机屏幕渐渐黑下去，我的心里就异常难受，没有他的消息。我那时候不知道，原来这么多年的陪伴，他在我心里早已不单是朋友那么简单。

临近期末，学校查课查得严，季穆阳发信息给我：“尹茵，你会帮我搞定的吧？”

我当然会帮他搞定，他是一直守护我的季穆阳啊，我怎么忍心拒绝？

于是我哀求罗闵，他笑着反问：“你这么确定我会答应？”

“那当然了，你最乐于助人了。你不是要学画画吗？正好去学学。”我厚着脸皮说。

罗闵是我们社联办公室的副部长，大一开学经过面试，我轻松杀进社联办公室这个部门。部门女孩子很多，干事也只能在部门待一年，意思就是说如果大二我们没有竞选成功，就会自动退出该部门。我记得当时我的竞选演讲很烂，我能感觉到台下的评委不愿听我废话，因为我是那天最后一个上台的，大家都想早点离开，对我并不抱太大希望。我一着急，说了不到两分钟就跑下台拿出厚厚的一沓纸，那是我的心血，不料他们说：你可以直接进部门了。其实我也是到后来才知晓，为何那么多人就我独独初试就直接进入部门。他们选我的原因很简单，面试时我是唯一一个带着厚厚的本子和画册上台的，而办公室这个部门做的事情很杂，你可以不擅长演讲，但必须要会文字资料、制作海报、通知各社长开会……而我正好基本都会。

至于对罗闵说的话，我并不是在拍马屁。我之所以敢如此大胆哀求，不过是因为他每次做事都会带上我，刚开始我挺不喜欢他的，总觉得事事都叫我并严厉对我，我觉得他就是针对我。又一次被他喊去值班，我说："我有课，师兄你能喊别人吗？"

"我一会儿在三楼等你，我们一起。"他完全不理会我的不满。

等我气喘吁吁赶到克勤楼三楼时，看见班长的那一刻，我窘迫极了，好想找个地缝钻进去。没错，我撒谎了，那天根本没有课，他分明清楚，只是不想用话揭穿我。

"你想什么呢？"罗闵轻声问。

"没，你记得下午来，我在逸夫楼门口等你。"我边说边跑，完全不给他拒绝我的机会。

罗闵在背后喊："喂，我还有话没跟你说。"我跑得更快了。

那个时候我若听见罗闵的话，我想我永远也不会找他代课，后来也不会哭得那么撕心裂肺。

（五）

晚上罗闵没有如约而至，我打电话给他，没人接，我在心里狠狠骂他："罗闵，你这个骗子。"

我担心院长会来查人，把我QQ好友能来上课的人全都联系了一遍，但是没有人有空。期末又逢周五，大多约会去了。

那天最后，院长出乎意料没来查人，我开心地往宿舍走，我给罗闵发信息："还好没查人，你早点休息，周一见。"

我刷卡刚打开宿舍大门，手机就响起，是小雅，"茵茵，你要不要来人民医院？罗闵学长出车祸……"

我没听见小雅后面说了什么，匆忙跑到学校正大门拦了辆出租就往医院赶。

我赶到的时候，很多人围在病房，我分开人群，站在他病床前。他还没有醒过来，鼻子上插着输氧管，我小声问部长："师兄怎么出事的？"

"他朋友说他赶着回去上课，开车开得急，拐弯时与一辆比亚迪直接撞上……"部长的话差点让我瘫倒在地。

我扶着墙看着病床上的罗闵，那一刻我心里全是后悔，如果再来一次，我绝对不会找他。可是生活没有如果，罗闵因那次车祸失去左腿，人生也因此脱轨。

我扶着他练习走路，一遍又一遍，总是走不到五米，他就会失去平衡倒地。我跑去扶他，他甩开我的手，沮丧地坐在地上不愿起来。

我望着他哭，跟他说对不起，那阵子我每天都会哭好几次。他看见我哭，伸出手拉着我的手腕："不怪你，你以后别来了。"

那段时间，罗闵异常敏感，看见奔跑的小孩他会发脾气，看见路过的情侣他会转身回病房。看见我哭他总会说："你不用可怜我，你走啊。"

他一次又一次地赶我，我却挪不动脚步。我知道这一切全都因为我。他太善良，不忍心迁怒于我。我更加内疚，于是，我课余时间都跑去医院，希望他早点好起来。

这是2010年的1月，刚过元旦不久，属于完美罗闵的人生就这样结束了，从此他就变成沉默的罗闵。

（六）

季穆阳来找我时，罗闵还没醒。

我在门外跟季穆阳讲这些事的全部经过，他摸摸我的头轻声安慰我："这不关你的事。"

我心里很清楚，若不是因为答应我，他不会着急赶回学校，就不会出事，也就不会失去他的左腿。

我让季穆阳先回去，他欲言又止，最后转身缓缓走向长长的走廊。他回头，我冲他摆摆手，他就头也不回地离开了。

我转身往病房走，不知道我和季穆阳下一次见面又是什么时候。我让他给我家里带话，说我在学校打工，寒假就不回家了。他沉默很久之后，问了我一句话："他真的那么重要？"

我想解释，却脱口而出："如果不是因为我，他不会变成这样。"

我没有看见季穆阳眼里黯淡的光。我看见他离开的背影，才发现，他竟然瘦了不少。

"我说过你不用可怜我。"罗闵站在门口说。

我不知道罗闵什么时候醒来的，也不知道他听见了些什么。我极力控制自己的情绪，什么也没有说，默默走进病房折叠被子。

年少时，我们总是太倔强，明明想留住一个人，却时时伤害对方。好像只有那样才能刻骨铭心，才能证明自己心里有多在乎。

罗闵一把抓起被子扔出窗外，看见我红着双眼不说话。他一把推开我，愤然离开，没走多远就倒在地上。

我重重撞在床尾的铁杆上。我想跑去扶他，可是疼痛让我爬不起来。我眼睁睁地看着他一瘸一拐地慢慢消失在我的视线外。

我已经很久没有哭了，罗闵不喜欢我哭，他怕我是在可怜他。我知道他只是不想迁怒于我，不想我难过。

罗闵回来的时候，已经不再愤怒。他拉过我的手，柔声说:“对不起。”

我摇头，忍住眼泪扶他坐下。

“疼吗?”他看着我轻声问。

我依旧摇头，不知道说什么好，气氛有点紧张，我说:“我不会离开的，放心。”

罗闵抬头看我，我看见他眼里瞬间晶莹，我回避他的眼神，转身丢给他一句:“我去买饭。”

我们都不知道，有时候，一个人一句话，会给你多大希望，也不会知道，日后会因此多绝望。

（七）

季穆阳找到我，将一张工资表递给我，我看见那是五位数的数字，高兴地吵着让他请客庆祝。

季穆阳拿出手机，神秘兮兮地递给我，我接过，孔小菁好看的脸就赫然出现在眼前。背景就是我跟季穆阳常去的天台，她的笑容让身边一切都黯然失色。

季穆阳得意地问我："我的工资基本靠它，不错吧？"

我的手抖了一下，手机差点滑落，我把手机还给季穆阳，假装轻松道："她真厉害。"

季穆阳向来情商低，应该也没听懂我话中的揶揄。临走前，我故意气季穆阳："季穆阳，我要是跟罗闵好，你会不会替我保密？"

他目不转睛地看着我，那目光太过复杂，第一次我不敢直视他的眼睛，我怕他一眼就看出我的谎言。

那天的最后，他也没回答我。我留下季穆阳，匆忙离开，我不知道他有没有看我，总之我不敢回头。

罗闵渐渐不再消沉。他开始习惯拄着拐杖上、下课，偶尔会带给我一些他上实验课做的小玩意儿，我都笑着一一收下。

罗闵开始把我介绍给身边的朋友认识，他有很多朋友。那几个月，我课余时间几乎全部拿来陪他，他总是笑意浅浅地望着我，我却从来不敢直视他的眼睛。

我跟季穆阳偶尔会通电话，但每次我这边都嘈杂不堪，我听不清他说什么，于是挂掉电话回他信息，可是他一次也没有回过。

罗闵向学校申请住到校外，他的腿有时候还是会莫名其妙的痛，这样的时候，我主动买饭给他送去。他笑话我："茵茵，你快成送外卖的了。"

"那你算没算过，要给我多少跑路费？"我开玩笑。

"欠一辈子，下辈子再还行吗？"我不是季穆阳，自然知道罗闵话里的意思。

我突然想到季穆阳，想到季穆阳手机里笑着的孔小菁，我不知道自己是不是死心之下点的头。

罗闵拉我入怀，柔声说："我一定好好对你的。"

我脑海里全是季穆阳。季穆阳，你看我身边也站着别人了；季穆阳，我们再也回不去了。我的泪水在那一刻决堤。

罗闵大概以为我感动至极，激动之余捧起我的脸，低头吻住我。那一刻，我忘了躲，我睁着眼，眼泪更加汹涌。

我和季穆阳从小一起上学放学，一起穿过逼仄的长巷，一起走过嘈杂的大街，一起抄过桃园的小道，也一起被老师逮过迟到，一起被父母骂过晚归，甚至撑过一把伞，喝过一瓶水……看似平淡无奇的小事，此刻我才发现，原来我和季穆阳一起走过这么多日子。

可是季穆阳，我们再也回不去了，我把你弄丢了。

（八）

2011 年国庆前夕，我见过一次季穆阳。

这一次，季穆阳身边没有孔小菁。他兴奋地跑来找我，一见面我就告诉他我跟罗闵在一起了。

“日久生情，合适自然就会在一起。”我看着一望无际的天空说。

季穆阳听我的回答，笑着说了句祝福，便转身离开。

看着季穆阳的背影，我才发现，自上一次他从医院离开，我就没好好看过他了。再见，季穆阳，我在心里轻声说。

2012 年年末，大四实习，季穆阳出国了，在此之前他一次也没有联系过我。我每天晚上都会看一遍他之前发给我的信息，703 条信息证明我们曾经那样亲近，而今这样疏远。

罗闵工作已经稳定，家人带他安了假肢，除了走路慢点，基本与常人无异。我心里替他高兴，做了他爱吃的印度飞饼给他送去，他将我的手放在他的掌心，眼神热切地望着我：“茵茵，你搬出来吧。”

罗闵专门在我实习的公司附近租了房子，他把房间布置成我喜爱的淡紫色，铺上紫色的床单。我看着满屋子的淡紫色，想着的却是季穆阳。

我没有回应罗闵，匆匆收了几件脏衣服就往洗衣台跑。

站在七楼高的阳台，我突然不再恐高，心想：季穆阳，你现在过得好吗？

我洗完衣服，端着盆往屋里走，罗闵一把扯过我，塑料盆掉在地上破了一道很显眼的口子。罗闵的吻狂热又急切，我拼命用手抵着不让他靠近。

“罗闵，不行。”我几乎用尽了我所有的力气喊出这句话。

罗闵停下动作，看着我满脸的泪水，我侧着头躺着不敢动。

罗闵发疯一般地扯开我的挎包，将我的手机掏出来，用力一摔：“你那么放不下他，滚去找他啊。”

我第一次看见罗闵流泪，他眼里充满了血丝，恶狠狠地将我推出门，同时丢出的还有我的手机和挎包。

我缓缓蹲下身，捡起手机，屏幕被摔得粉碎。我跑去手机店维修，店主摇了摇头：“美女，都碎成这样了，换一个吧？”

我以为，我从此就要遗失季穆阳了。

（九）

后来我才知道，原来季穆阳那么拼命地赚钱，不过是为了我们高中约好要去桂林开店的约定。

后来我才知道，原来孔小菁只是他画画的模特，他说的那句“我的工资基本全部靠它”里的“它”不是“她”，而是指那幅画。

也是后来我才知道，季穆阳那次兴奋地跑来找我，只是想给我一个惊喜：他提前订好了去桂林的机票，想国庆带我去看看漓江，可是，我却给了他一个意外。

我们那么相似，那么倔强，谁也没想过先开口说喜欢，以为这么多年都走过来，以后的日子也会一起走下去。

季穆阳出国的第六个月，也就是2013年6月，我毕业了。我给他发邮件，他还是没回。2011年那个国庆后，他就换了号码，断绝与所有人的联系。

我回到那条承载我们点滴往事的长巷，刚下车就跑去他家，立在空荡荡的房子前，阳台上季穆阳养的君子兰也早已枯萎。好陌生的地方，仿佛他从来不存在一样。

2014 年年末，季穆阳离开的第二年，我买了单反，SD 卡里满满都是他的家。我将照片发在网上，很快有编辑找我刊登，我给自己取了个笔名——四季桂茵，季穆阳最爱的桂花名和我名字的合并。

我还是会不停地给季穆阳发邮件，我知道他已经好几年不用 QQ，即使这样，我仍坚持着。

2015 年年末，我拍的照片在网上迅速火起来。季穆阳，你看，你的家在这里。我满心失落，不知道未来在哪里。

坚持是一件很考验人的事情，坚持一件没有希望的事，更容易让人心灰意冷。

我每天都会去一遍我们曾走过的街道，只是在 2016 年元旦，那条街被重修，白色的斑马线很显眼，房子被拆迁，而季穆阳还没出现。

我买好去桂林的火车票，拍下沿途的风景，我不知道还能不能等到季穆阳，我只是想去看看我们曾经说好要一起开店的地方。

除夕夜，整个城市都热闹起来。我看着窗外绚烂的烟花，想起小时候，他把别人炸剩下的小鞭炮点燃扔进我的帽子里，吓得我哇哇叫。我转身报复他，他撒腿就跑去躲起来，在白白的雪地上留下一长串脚印，我就踩着他的脚印，逮住他威胁他给我买冰淇淋，否则就跟他妈妈告状。

“尹茵，大冬天吃冰淇淋，你傻啊。”他举着甜筒一脸鄙视地看着我。

“尹茵，你走慢点。”

“尹茵，把你作业借我抄抄。”

“尹茵，快点，我们又迟到了。”

季穆阳叫着我名字的时候，像是在微笑，我从来没遇见过叫我名字比他叫得还好听的人。

窗外烟花不断，我起身回房，打开电脑，给季穆阳发了一封邮件表示祝福。便开始一一回复我照片下的留言，我用鼠标拉开看看，一共有 146 条，回到 107 条时，我困得眼睛都开睁不开。

下一条，我睡意全无。

留言写道：笨尹茵，四季桂很快回国。

我颤抖着点开那个四季桂的头像，翻到相册，忍不住打开，里面满满的全是一个人，低头写字的认真、上课的走神、巷子里的背影……

各种各样动作的我，占了整个相册，那个相册有个好听的名字——笨尹茵，我的最爱。

我知道再过不久的某一天，我的季穆阳会站在四季桂下，给我一个迟来却温暖的拥抱。

我暗恋十年的人，是我女儿的爸爸

时隔多年，我还是深爱着一个人，并会一直深爱他。他有一个很好听的昵称，我女儿的爸爸。

（一）

算起来，已经过了好久，具体说来，应该是十二年。十二年，十二生肖的一个轮回。

十二年前的开县小城里，汉丰中学的操场上，当时的我穿着蓝白色的校服，松松垮垮的，感觉裤子随时都会掉下来。

体育课前热身，我贪恋着阳光，漫不经心地围着跑道慢跑。一不留神，被什么东西猛烈砸到了脑袋。我捂着头转身，才发现是一个红色的篮球。接着就有一个男生迅速向我跑来，“对不起，你没事吧？”

我疼得龇牙咧嘴，却假装没事儿人一样，脑袋摇成拨浪鼓。没走多远，就被另一个男生攥住了胳膊，我还没来得及反应，他便脱口而出：“我带你去医务室。”

我愣了一秒，接着便被他带走。风声从耳旁掠过，我侧仰头看着他，觉得莫名其妙，他微微低头冲我微笑。他笑起来的时候，眼睛会弯成弦月一样的形状，让人很暖心。

这个人便是许澈，这便是我第一次与他见面的全过程。

直到很多年后，我依然记得初遇时他微笑的模样。

那时候的许澈，是一个美好的存在。长相俊美，成绩居首，打得一手好篮球，仿佛永远反衬着周围人的平庸。

一百个女生里，起码有一半都在暗恋他。我也不可免俗，只不过我对他，始终是当作遥不可及的偶像来暗恋，可望而不可即。

多年后，我在石家庄最繁华的地方上班，跟一个慈眉善目的老头儿共事，我们都叫他梁爷。他桌上有一个相框，镶嵌着一张泛黄的照片，我猜想那个有好看笑脸的女人是他的老伴儿。

有一天梁爷接了一个电话后突然对我说："陈诺，你马上送我去人民医院吧。"

他的脸色突然苍白了好多。我没问原因，潜意识感觉发生了不好的事，于是翘了班，开车一路将他送到医院。

到了重症病房，他看见病床上躺着的老妇，激动地上前抓住她的手，她缓缓睁眼，想说什么却发不出来声音。梁爷将耳朵贴近她的嘴角，然后连连点头，她才微微笑了。

我静静站在门外，很久很久，他始终拉着她的手，没说话，但两人脸上都是满足的笑容。我轻轻关上门，悄悄离开。

后来的几天我一直没见到梁爷，再见到他时，他整个人憔悴了不少。他整日整日地坐在办公室，望着照片发呆。然后念叨着："我们不要放弃好吗？"反反复复。

又过了一个月，梁爷得了抑郁症，在一个寒冷的深夜跳楼自杀了。

那年我二十二岁，刚从南方到北方不到半年，后来我无数次梦见梁爷，他总意味深长地说："我们不要放弃好吗？"

我心里突然有一种熟悉的感觉，像一阵微风吹进寂静的树林，沙沙作响。

（二）

当我又一次梦见梁爷后，我决定去找许澈，那个我暗恋了很多年的男人。

我乘着公交穿过大半个城市，到了他家门口，我敲他家的门，开门的是一个穿着白色睡裙的女人：“你找谁？”

我想我当时的表情一定糟糕透了，连忙说：“不好意思，走错了。”然后慌乱地跑下楼。

我一直不停地跑，等累得气喘吁吁的时候，才强迫自己停下来。我觉得胸口有点痛，但哭不出来。为什么要哭？好不容易知道他跟我一个城市，好不容易有机会再相见，我的初恋不能还没开始就结束了。

我终于又见到了许澈，在分别五年以后。

我正在开会，电话响了，一个陌生的号码，我快步走出会议室，轻声道：“您好，请问您是？”

“我是许澈。”那边传来似曾相识的声音，我愣了片刻，明明只有片刻，我却感觉异常漫长。

“我们不是说好回国以后见一面吗？”

“嗯，嗯，那你看你什么时候方便，我不上班的时候都可……”我极力控制着声音的颤抖。

“我已经在来你公司的路上了。”

我还来不及说话，他又说：“不急，还有十几分钟才到，我等你下班。”

我一手抓着手机，一手撑在墙上，许久以后才想起奔向洗手间，我匆匆理了理头发，才乘着电梯下楼。

我到楼下的时候，许澈已经在那里，一个人背对着大楼，五年不见，他的背影依旧挺拔。我还在犹豫要不要先开口打招呼，他一转身便看见了我，“来了？”那语气就好像我们是从未分开的朋友。

我们乘车去了鹿泉的老店，吃了一顿鲜美的饺子。

“那天早上你来找过我吧？”他突然说。

我的笑容骤然僵在了脸上，却还是假装没听到，脚步浮浮地往前走。

路灯泛着橘黄色的光，照在他身上。走了两步他又说：“阿姨身体还好吗？”

我诧异，他竟然还记得我母亲身体不好，点头：“挺好的。”

气氛有点尴尬，我努力想了想，还是决定回答他上个问题："我那天早上去那边有事，就顺道按你之前说的地址找了过去，可是，因为客户催促，来不及，我就没见你。"

"哦，这样啊。我姐还开玩笑说我，一回来就有美女找上门，问我是不是干啥坏事了！哈哈哈！"他想都没想就说。

我才知道我误会了，一时不知该怎么回答，只有打着哈哈，陪他笑。

那天回到家，我看着镜子里慌乱的自己，突然后悔：怎么没有穿上最修身的裙子，怎么没把指甲修剪下，怎么没化个淡妆……

我也终于承认，即使五年不见，站在他面前的时候，我依旧自卑，而我也知道，所有的自卑都是由爱而生。

（三）

我爱上许澈的时候，还不懂什么是爱，等他离开，我才后知后觉，曾经那么想接近又害怕接近他，是因为我不仅仅是单纯仰慕他。

那个时候，我每次面对许澈时总显得底气不足。

开学后不久，校园广播站招播音员，我信心满满地跑去面试，可走进那个小小的面试教室，一眼便看见了许澈。我紧张地忘了是怎么回答完他们的提问的，也忘了是怎么念完最后一篇稿子的，我只记得最边上那个漂亮的女孩子一脸微笑地看着我说：“我们觉得你声音很不错，可，感情还不够。”

这结果倒没让我多失落，我走出教室，长长吁了一口气。我没想到的是，许澈因为有急事跑出来，而且不偏不正地撞到了拐角的我。

“对不起。”他扶住我，话刚说完就跑开了。

我从来没看见过他如此慌张，在无数小心翼翼跟着他的日子，我看到的都是平静、始终微笑着的许澈。可是那一刻，我看到了他那双漆黑如墨的眼睛里深藏着的难过和悲伤。

没过几天，学校里便传开许澈母亲去世的消息。噩耗传来时，我正站着背那篇叫《荷塘月色》的课文，我腿一软，险些站不住，伸手扶住了课桌，才勉强站定身子。

我不知道哪里来的勇气，刚放学便跑到了他家门口，我敲门，一遍又一遍。门终于开了，他站在我面前，我望着他，不知道该说些什么。我想，也许他还不知道我的名字。我不敢靠近，只好那么手足无措地呆呆站着。

后来，他终于开口："你怎么来了？"声音很漠然，眼睛紧紧地盯着我。

我拉着他搭乘汽车，到达湖边的时候，正赶上日落。我拉开重重的护栏，缓缓走上长长的堤岸，片刻后，他也跟了过来。

"都会过去的。"我鼓起勇气说。

他停下脚步，没看我，自顾自地说："以前我不开心的时候，也喜欢来这里。"他轻描淡写地继续道："没想到你也知道这里。"

"一起吃饭？"我岔开话题。

点完餐，许澈忽然对我说："让我看看你的手指。"

我小心翼翼地伸手，还以为他没看见我刚刚夹到手指。正忐忑时，就被他轻轻握住了指尖，拉了过去。

他叫来服务生："麻烦给我些冰块。"说完便走出了店门。

服务生很快端来些许冰块，他撕开刚买来的湿巾纸，挑了一块大小合适的冰块，递给我："敷一下，应该会好一些。"

知了没完没了叫着，头顶的风扇也呼呼地转着，我的心怦怦地跳着，没说话。

（四）

我们的关系并没有因为我这次壮举而有所进展，并且我笃定许澈根本不知道我的名字。

我们渐渐熟络起来。高二期中考试结束的时候，我无意间看到了他钱包里的照片，一个短发女孩子，我想也没想，当晚放学就跑进理发店，对理发师说："我要剪学生头。"

"这么好的头发，可惜了啊！"理发师对着我齐腰的长发说。

我伸手摸了下它，还是咬着牙对理发师说："剪吧！"

半个小时后，我看着镜子里的自己，有点陌生。还好理发师技术好，短发也没有让我丑到哪里去。

我没有马上跑去见许澈，而是拉着我所有的好朋友一个个地问："丑不丑？敢不敢出去见人？"

还好大家一致认为，我个子本来就小，这发型把我衬得更加小巧了。

隔天一早，我跑到学校，早早等在校门口。看见许澈，我什么也没说，只是不好意思地笑。快要高考的许澈看见我笑了笑："今天很早啊？"

"嘻嘻，我等我朋友！"我傻笑，假装镇静道。

许澈移开视线，看着走向教学楼的人群，"那我先走了，再见！"

我小声地说了句"再见"，有点失落。他终究没注意到我的头发吧？我在原地站了几分钟，然后往教室走。

接下来的日子，我的神思都有些昏沉。

一个人走夜路，总会有些害怕。那天我在学校门口和几个同学告别，刚转身就看见校门不远处的路灯下，站着一个熟悉的身影。

"怎么还不走？"我鼓起勇气上前。

"等人，你也好晚。"他礼貌地笑笑。

初夏的夜晚，他只穿了一件白色的T恤，下面配上一条黑色长裤，自然地说："也不知道什么时候才出来？"他说这句话的时候没有看我，而是张望着校门口的方向，我识趣地匆匆逃离。

事实证明，我的预感一点问题也没有，许澈恋爱了。我是在他高考结束后知道的，那天他们班毕业聚餐，散场的时候，我正好从商店出来，远远就看见他对着身旁的女生轻轻耳语几句，那个女孩子就笑了，露出很好看的酒窝。

许澈含笑看着那个女孩子，他的目光明亮，还带着些许温柔，然后自然地拉过她的手，两个人看起来极其般配。

看他们越走越近，我潜意识里想着躲开。很快他们便从我身旁经过，我清晰地听见那个女孩子幸福的笑声。

我失魂落魄地回家，十几分钟的路，第一次显得那么长，仿佛怎么也走不完。

（五）

后来我听说许澈考上了复旦。我很快进入高三，将他所在的大学作为目标。

那年冬天跟往年一样，不是太冷。放寒假那天下午，我用最快的速度冲到校门口，却在林荫道上碰见了许澈。那道身影，我曾经注视了两年，而此时此刻他一个人站在树下，显得有些落寞。

我小心翼翼地靠近，“什么时候回来的？”

他很快给了我一个灿烂的笑容，“刚回来没几天。”

我不知道要开口说些什么，只好选择沉默，到底还是他找了个话题：“我好久没见你了，陈诺。”

他的声音很轻，裹着风，传进我耳朵。我以为他从头到尾都不记得我，原来他早就知道我，并且能准确地叫出我的名字。

我还没来得及回应什么，就看见他快步走向校门口，迎面看到的是一对正在说笑的情侣。我认出那个女孩是他的女朋友，现在看来，应该算是前女友了吧？

许澈上前拦住了他们的去向，女孩看了他一眼，脸上满是平静，她不打算说话，决定绕开他。可许澈也没打算让开，女孩终于忍不住恼了：“许澈，我们已经结束了，你别来打扰我的生活行不行？”心死只在一瞬间。许澈原本以为她只是因为异地恋而缺乏安全感，而今想来，不过是自欺欺人罢了，不爱以后，即使做着往日相同的事情，在对方眼里，都显得那么多余。

碰到这样的场面，我觉得应该逃离，可我挪不动脚步，想也没想就冲许澈喊：“许澈，我们走吧！”

女孩看了我一眼，又看了看许澈，什么也没说，挽着她那小男朋友的胳膊就离开了。

等了好久好久，许澈见我固执地站在那里，终于向我走来。

“陪我去湖边吧！”他突然说道。

我向来不会拒绝人，何况还是许澈。我们到达湖边的时候，天色已经暗下去。这一次他走在我前面，一直没有转身。

我以为许澈会喝酒买醉，可他由始至终都很安静，这样反倒让我害怕起来。

分别之前，许澈要了我的联系方式。我有点吃惊，却还是加了他为 QQ 好友，并留下了我的电话号码。

“以后常联系。”隔了一阵，他一脸笑意道。

一如我所愿，开学的前一晚，许澈的灰色头像终于亮了，雀跃地跳动在我的好友列表里。

“陈诺，我走了。”

我看不见他的表情，本想说我可以去送他，最后删掉了一长串的话，只回了一句“路上小心”。

然后他就消失了，就像从来没出现在我的生活中一样。

我常常盯着他的头像发呆，当然也没想到某天它会突然亮起来，说：“好久不见。”

我回：“好久不见。”

那晚我们聊了很多很多，关于大学，关于理想，甚至关于他的前任。临睡前，他问："以后可以常常找你吗？"

我回："当然。"

后来我们不约而同在周六晚上聊天，每次下线前，他都会嘱咐我一定要好好准备考试。我看着屏幕上的话，觉得枯燥的高三其实也并没有那么枯燥。

这样短暂却珍贵的聊天，成了支撑我努力应考的动力。每当在教室里觉得烦闷时，想到周六晚上可以跟他 QQ 聊天，整个人顿时跟打了鸡血一样，重新打起精神投入到题海中。

（六）

可是，我没能如愿考上复旦。

最后我选择留在了四川，许澈打电话来表示祝贺。他不知道我的目标是复旦，所以听不出我言语中的失落。

挂电话之前，他说："陈诺，我要出国了。"

阳光从外面照射进来，透过树叶的间隙投落在白花花的地板上，我看着地上的光斑，突然觉得离他好远好远。

我说："好。"声音小到连我自己都很难听清。

许澈出国后，我常常一个人去川大的图书馆，看与传媒有关的书籍。我是学新闻的，自然对新闻密切关注。

许澈在法国的那五年，我们一直保持着联系，只是我渐渐开始明白，他当我是好朋友，仅此而已，而我始终无法释怀。

所以，当他说准备回国的时候，我买了好几件连衣裙，敷了一个月的面膜，想要以最好的姿态出现在他面前。可最后我还是落荒而逃了，这么多年不见，他依旧能轻易拨动我的心弦。

我没想到半个月后又碰见了许澈，我开车去祭拜梁爷，从陵园出来的时候，听见有人叫我的名字。我回头，看见他的那一刻，有些恍惚。

他说他来祭拜一个友人，末了又说："方便搭你的车吗？"

"当然。"我说这两个字的时候，忽然就想起了那年他问我："以后可以常常找你吗？"

明明已经过去很多年，却仿佛从来不存在一样，好像他从未缺失过中间这五年。

我偷偷用余光看了他一眼，他一如既往地微笑着。我尴尬得不知道要说什么，指甲掐着方向盘，最后我伸手开了音乐。

快到他家门口的时候，响起了一个熟悉的前奏，是周董的《七里香》。

“好久没听到这首歌了，你还在听啊？”

“嗯。”

那时候许澈最喜欢的歌星是周杰伦。那一年《七里香》特别热，周杰伦也成了好多少男少女的偶像。为了能够和许澈有共同的话题，我开始关注周杰伦的新专辑。

不过，我却从来没有机会跟他谈起。我那么胆小，只能远远地看着他，听着他喜欢的歌曲，偷偷跟在他身后，一次又一次，始终没有揭开那层面纱。

“你变化很大。”他突然说。

“上次你也说过，看来我是真的老了。”我笑着说。

“不，我不是指这个。”

我点头笑笑没有回答。许澈，五年时间有很多个日日夜夜，我从懵懂的少女变成今天的职场女人，我哭过痛过怀念过委屈过，也笑过开心过满足过。可是，真的很遗憾，这五年里，都没有你。

停好车，他下车，意味深长地看着我，我一时手足无措，打趣他：“你这么看着我，不怕你女朋友吃醋啊？”

“我还没告诉你我现在是单身贵族。”他浅笑着说。

我笑着跟他挥手说再见，没有问他为什么不谈。我想人大都是这样的吧，遇见对的人自然就会恋爱，可到底什么样的人才是对的人呢？

（七）

我不知道许澈从什么时候开始频繁地联系我，等我意识到的时候，石家庄已经下起了雪。我们肩并肩走在街上，脚下发出咯吱咯吱的响声。

我们从校园生活聊到毕业，从喜欢的人聊到向往的婚姻生活，只是从头到尾，我都没告诉他，其实我真的好喜欢好喜欢他。

以前喜欢雪，到了北方反而对雪花爱不起来，冬天的风干冷而强烈，总感觉手都冻得失去了知觉。

我一个人在这偌大的城市，许澈经常出差。他没事的时候就提着一瓶酒来我这里蹭饭，久而久之，我也就习惯了。

饭后他会主动跑去厨房洗碗，我刚开始还跟他客气，时间久了，便随他去了。我坐在客厅看电视，远远能看见他在厨房里忙碌的身影。我有点恍惚，给我的感觉是那么不真实。

这样平静的生活一直持续到 2014 年的夏天，我们公司因为老总贪污而倒闭。我左思右想，最后还是决定回四川。

在外漂泊久了的人，孤独无助时会特别想家，我父母年纪虽然算不上老，但终究还是希望能常常看见我。我不忍心，这几年的经历早已将我打磨得没那么倔强了，除了喜欢许澈这件事。

我打电话给许澈，佯装解脱似地说："许澈，本姑娘要回四川了，你好意思不来送我？"

隔日一早，许澈就来敲我家的门，我睡眼惺忪地看着他，竟忘了让他进门。

"你不打算让我进去吗？"他苦笑着说。

我侧身让他进屋，"没吃早餐吧？"

厨房没什么东西，我煎了个鸡蛋，放在煮好的泡面里，端给他，他自然地接过，什么都没说，自顾自地吃起来。

我看着他，突然有说不出的难过。十六岁的时候遇见许澈，那喜欢来得突然又单纯，好像找不到原因，可就是无法忘怀。

那些年，无数个夜晚我总会梦见他，他的笑脸以及那双深邃的目光。我的心脏大概是疯了，那里就像有一簇小小的火苗，然后越燃越烈。

“快收拾东西去啊！”他从厨房出来的时候，打断了我的思绪。

许澈接过我整理好的行李箱，什么都没说，就向楼下走去。我跟在他身后，不知道离别前该说些什么。

一切都很顺利，飞机没有小说里写的那样出事，我安全地到家，看见笑脸相迎的父母，心里暖暖的。

开县发展迅速，夜景也美了很多，那个夜晚我睡得特别安稳。

（八）

2014年的冬天比往年要冷一些，最冷的时候开县也下起了雪。

这半年，我从未如此清醒。

找工作，入职，外出跑采访，时间被工作瓜分去大半，除此之外，我还要抽出时间去医院看我的母亲。她在9月份的时候被检查出乳腺癌晚期，脸色一天比一天憔悴。

我太忙，忙到没有时间联系许澈。所以他突然出现在我面前时，我脑子一片空白。

可我没想到，我就离开那么一小会儿，回来的时候，我母亲的身体就已经冷得僵硬。我木然地拉着她的手，眼神无比空洞。

“陈诺，你没事吧？”

我后知后觉，摇摇头说：“我挺好的。”

“想哭就哭吧！”他伸手揽过我的肩膀。

我没哭，始终没掉一滴眼泪。

可我开始整夜整夜地失眠，醒来的时候满脸汗水。

我慢慢从母亲离世的悲伤中走出来，接着便迎来了另一个噩耗。许澈出事了，接到消息的时候，我在外面采访。

我匆忙赶去医院，他还处在昏迷不醒的状态。医生说还好送来的及时，不然肯定会有性命之忧。

忙完的时候，我就跑去医院照顾许澈。我其实特别害怕医院，每次进去，脚都忍不住哆嗦。

他喜欢看着我忙碌，看我倒水，看我端洗脸盆，看我扶着他……我才发现，原来这么多年过去，我们彼此早就有了依赖，超越了喜欢，更胜于爱情。

但我没想到，许澈出院的第一天，就拉着我去昔日的高中，站在林荫小道上，许澈一脸镇静地看着我，深邃的眸子就像汪洋大海，继而俯身吻了我。他的唇只停留了片刻，低头微笑："我们结婚吧？"

我没回答，人在剧烈的冲击和突然的喜悦下，很容易失去思考的能力。

许澈见我不动，接着在我脸颊上轻吻了下，"再不答应，我就亲到你答应为止。"

这次我听懂了，他是在表白，而且答案只有一个，我颤抖着问："为什么是我？"

"答案很长，要用一辈子才能说完，你准备好要听了吗？"

我记得这是林徽因对梁思成说的话。我答应了许澈的求婚，虽然很多人不解，但我相信心的感觉，它从不说谎。

2016年春天，我生下五斤多重的女儿，为她取名许初白。

身旁躺着的这个有着好看眉眼的男人，是我生命中最美的相遇，始于年少，止于终老。

最美的遇见，最长的陪伴

褚小歌与张翔飞相识于2013年炎热的湖南。

在遇到褚小歌之前，张翔飞以为他大概就要单身一辈子了。

他常常在想，如果那天他没有按约定的时间到达相亲的地点，也许永远不会有机会与褚小歌相遇。可是，就是那么凑巧，他那天正好饶有兴致地想去看看相亲对象。

在此之前褚小歌一直生活在山西，那个一下雨地上就流淌黑煤炭水的城市，因此她从来都只穿黑色的鞋。

但是张翔飞第一次见褚小歌的时候，她穿的一双白色高跟鞋，不，准确地说应该是一身白。没错，就像是雨后的茉莉，清爽而纯净。张翔飞很久没有用清纯这类词来形容一个女人了，但是他必须承认，那天的褚小歌从穿着到眉眼，完全一副清纯的模样。

张翔飞已经习惯了这样的场合，知道该说什么、做什么。然而对面的褚小歌神情有点不自然，很明显她很紧张。他抿了口咖啡，并不打算先开口。

“我看过你的资料，我觉得我们可以试试。”这是褚小歌说的第一句话。

张翔飞一口咖啡差点喷出来，这女人有点意思，这么直接。他相亲过不下百个女人，有她这样胆识的还是头一次遇见。

“据我所知，褚小姐不过二十四岁，我很想知道一件事。”他勾起嘴角，顿了一下继续说，“为何来相亲？”

褚小歌抬头，看着张翔飞，微笑道：“相亲有年龄限制？”

张翔飞没想到她会将问题丢给自己，沉默片刻只说了句：“那倒没有。”

越聊下去，张翔飞越觉得这女人有意思，“那就试试吧，不过……”

“我不介意你离过婚。”褚小歌先他一步开口，看来她真的完全悉知他的基本资料。

“不过，我……”褚小歌顿了顿，终是未继续说下去。

张翔飞以为她想开出条件却不好意思开口，他并不反感。但他决定结束谈话，适可而止往往会给彼此的第一印象加分，他深知这一点。他也隐约感觉，这个女人并没有那么简单，不过没关系，时间还很长，他有大把的时间去了解她。

之后的那段日子，进展很顺利。张翔飞跟褚小歌在一起的时候，感觉像回到了少年时光，他带她去看新上映的电影、吃周边好吃的小吃、坐在楼顶欣赏夜晚城市的车水马龙，甚至还在七夕送她百合花。这是他很久都不曾做过的事了，他在花店精心挑选鲜花的时候，有那么一瞬间觉得他是真的爱上了褚小歌。

然而大多数的时候，他还是很理智，他很清楚自己只是想找个合适的人过差不多的日子。每当这时，他就会一遍遍提醒自己，是时候提出结婚的事情了。

但他潜意识里，又不愿提及此事，所以一拖再拖，拖到褚小歌终于忍不住开口：“我们试了三个月，你觉得可以吗？”

这个女人说话，总是那么直接。她不说相处，分明是提醒他，他们之间没有爱情，最多只是凑合。

你觉得可以吗？听起来多像是菜市场上买菜的问话，这菜看起来颜色不错，你觉得可以吗？这菜看起来很好吃，你觉得可以吗？

张翔飞其实有点失落，这个女人对他没有任何感情，但是她的确是做他妻子的最好人选。因为她真的很完美，上得了厅堂下得了厨房，以至于美好到让他总觉得很虚幻，就像手里握的水一样，不管怎么拼命握紧，总会渐无。

张翔飞不是不着急，他已经三十四岁，没有时间和精力再来慢慢培养一段感情，但是他始终觉得二十四岁的褚小歌不应该是最着急的人。她为何来相亲，仅仅是想早点成家？这个理由连他都没办法相信，毕竟这个年纪实在是太过美好，谈婚论嫁貌似过早了点。

褚小歌看出他的异样，她平静地说："你跟我回家一趟。"

张翔飞确实没想过要拒绝，他特意穿上西装，买上最好的酒和营养品，跟褚小歌一起到达车站。一路上没怎么说话，倒不是因为他紧张，而是他完全不知道她家里的情况。你以为他没问，那你可想错了，每次他问起，褚小歌就千篇一律地说："我会带你回家的，到时自然就知道了。"一句话，就把他打发，后来他索性不再问。

三个小时后，他们终于到达目的地。说是家，还不如说是一个避雨之地，那是一个正在施工的工地，她“家”就是最边上的那顶帐篷。离帐篷大概五米远的地方，是一个架有老式手摇抽水泵的半米高的石柱，再往左是一个不锈钢大盆，地上铺着很厚的木板，应该是用来隔离水的。张翔飞确实被震撼到了，他长这么大，从来没有来过这样破旧不堪的地方。

更让他震撼的是，褚小歌的谈吐完全跟这里搭不上边，那么美好的女人怎么会来自这样一个地方，即使他不看重家境，但要他开着奔驰来这个地方迎接他的新娘，他心底也不会高兴到哪儿去。

张翔飞在没走进帐篷前，的确是这样想的。他跟着褚小歌钻进帐篷，一眼就看见坐在屋里的老妇人，看起来像极了她奶奶，她开口：“妈，我带他回来看您了。”

张翔飞觉得今天发生的一切简直超出他的承受范围，他想逃，脚却被定住般，一点也无法挪动。

从褚小歌家回来以后，很长一段时间，他都没联系过她，说不清为什么，也许是对自己太没自信，觉得没办法给她幸福。并非因为钱。他觉得这样环境中长大的女人，他能给的太少，除了钱，他不确定自己还有什么。

但是在梦见褚小歌第六次后，张翔飞还是拨通了半个月没打过的电话："我最近出差，刚回来，有没有想我？"

张翔飞觉得自己真是不要脸，谎话可以说得这么脸不红心不跳的。

"哦。"那边并未表现出不开心和震惊，而是很平静，就像他们昨天才分开一样。

"我们见个面吧，我来接你。"说完他就跑下楼开车奔向她上班的地方，也不管是不是周末。

"我在家。"不一会儿褚小歌的短信发来。

"没事，我去你家。"这条信息发出去后，张翔飞自己都被吓到了。不管了，反正总会好起来的。

张翔飞隔着很远就看见，她站在那条泥泞的道路路口，一身白，就像盛开的百合，骄傲地立在那里，是这条路上最别致的风景。

他从车上跳下来，一把拥她入怀，仿佛一个世纪没见。她将头埋在他胸膛，伸手回抱住他的腰，他便将她抱得更紧，好像一松手，她就会消失一样。

那晚他异常亢奋。就在他快要彻底解脱时，她突然忍不住颤抖起来。他嘴角上扬，知道这女人未经人事，他决定慢慢来。他缓缓低下头，吻她的唇，绵长而温柔。她渐渐放松下来，身体也不再紧绷。

可是，下一刻，他彻底懵了。是的，他没办法要了她，当然不是他的问题，她是个石女。这个事实让他几乎崩溃，他套上衣服，坐在床边抽烟，一根接着一根。

褚小歌不是不知道自己的身体，她没打算骗他，可是时间越久，她发现自己爱得越深，她不知道怎么开口，不知道开口后怎么面对这一切。

她有点后悔自己的冲动，再有两个月她就攒够钱可以去做手术，等到结婚，自己的身体完全没有问题。明明不该这样，可现在，她要怎么跟他解释这些事，他大概再也不会找她了。褚小歌绝望地闭上眼，她没有哭，却清楚地听见有什么东西破碎了。

张翔飞连夜开车逃离。他觉得自己完全崩溃了，怪不得她不恋爱，原来她根本算不上一个真正的女人，怪不得之前看她那么清纯，这样的她不清纯才见鬼。她想跟他结婚，不过是为了完成母亲最后的心愿，不过是看他比较顺眼。他一拳头砸向方向盘，指关节迅速泛红，真疼，一同痛的还有他的心。

令张翔飞生气的最大原因其实是褚小歌的隐瞒，他怎么会不知道石女能医治好，他甚至不介意无法拥有自己的孩子。他介意的是，她的隐瞒以及她不爱他，一点都不爱。

张翔飞此后再也没去相过亲，再也没联系过褚小歌。按部就班地工作，日子仿佛又回到了以前，一切都那么索然无味。

很久以后，张翔飞回忆起从前，搂着身边的娇妻笑得一脸灿烂。他说只要相爱，即使隔着阴阳，也终会到达彼此身边。

这话一点也不夸张，他们差点就阴阳相隔。说起那天，张翔飞忍不住亲亲爱人的额头。

施工地坍塌的消息传来，张翔飞开着车飞速赶到，发疯一般在废墟里空着手刨了半个小时，才在求援队员的喊声里看见被埋的褚小歌。

张翔飞在褚小歌病床前守了三天三夜，从未合眼。灾难面前，他才看清自己的心，一切都不重要，她活着就好，她活着就是他最大的希望。

褚小歌醒来，睁眼就看见疲惫不堪的张翔飞。“妈，妈……”她艰难地开口说着便要挣扎着起身。

“她没事，你替她挡住了木板，她很好，一会儿就过来看你。”他哽咽着回答她，好让她安心。

“多久没刮胡子了，好丑。”她暗哑着笑他，话还没说完，泪水就汹涌而出。

张翔飞几乎要哭出来，但他没有。他只是紧紧握住了她的手：“等你好了，天天给我刮。”

褚小歌身体完全好起来后立马去了医院，她挽着他的胳膊，身体有点颤抖。

“改天再来也一样。”他安慰她说，他是真心的，从那次灾难后，他根本不介意这些。

她没说话，倔强地走进早已联系好的医生的办公室。即使他们早就询问过医生：有些人的下体并不完全闭锁，而是由于阴道太窄，或者是阴道里有部分粘连，平时能来月经，可以通过手术矫正，恢复正常的月经和性生活，也有可能不会影响生育。但是，褚小歌还是担心自己以后不能生育。

手术很成功，并没有想象中那么可怕，整个过程不过半个小时。褚小歌躺在病床上，望着张翔飞，心里暖暖的。自己有多幸运，才能遇见他。

褚小歌的病情并不严重，算是阴道横隔，不到一个月就完全康复了。其间，每次戴模具张翔飞都亲自动手。褚小歌刚开始紧张，渐渐也不再尴尬了。

2015 年 7 月 13 日，他们相识两周年，也是在这一天，他们走进婚姻的殿堂。张翔飞为她戴上婚戒，她的手指无法抑制地颤抖起来，她看向前排坐着的母亲，落下幸福的眼泪。

你看，岁月缱绻，时光往返，在哪个地方、什么时间相遇，一切都在冥冥中注定，相爱的人总会遇见。

星光漫过普罗旺斯

这座城市又开始刮风了，明明昨天还是阳光明媚。天气阴晴不定，时而暖风和煦，时而冷风狂野，这大概就是宋菱对普罗旺斯的最深印象了。

风掠过那些高高的写字楼顶端，开着的窗户会“哐当”一声撞向窗框，偶尔能听见里面不满的抱怨声。然后随着风声一并回响在这热闹的街道，被淹没了该有的声响。

如同时光洪荒掩盖了一切的秘密。

(一)

宋菱说她小时候有一次难忘的经历，至今还记在心上。

那时候她六岁，那年七月她跟着奶奶去了法国普罗旺斯小住。那里有大片大片的薰衣草花海，风一吹，它们便迎风绽放，浓艳的色彩装饰着翠绿的山谷，微微辛辣的香味混合着被晒焦的青草芬芳，交织成法国南部最令人难忘的气息。

那天正是薰衣草节，小小的她抬头便看见海一样的薰衣草花田，翻滚着紫色的波浪，与天相接的地方呈现淡淡的紫色，就像阳光下的琉璃，美得让人窒息。她看了好长时间，萌生了穿过花海的念头。

宋菱磕磕绊绊地拨开薰衣草朝着另一方走去，兴奋而紧张，她停下脚步望着来时的路，好像迷宫一样，竟然迷失了方向。因为风大的缘故，被拨开的痕迹很快恢复了模样。

她望着一望无际的前方，竟然徒生勇气，这次反倒跑了起来。她清晰地记得薰衣草花端的柔软，那样拂过她的脸颊，滑滑的，很舒服。

下一秒，她一个踉跄跌进花海里，薰衣草掩盖了她的身体，仿佛这里从未有人打扰过。她下意识地爬起来，才看见绊倒她的不明物。

一个有着好看眉眼的小男孩正惊讶地看着她，惊讶与不满完全显现在脸上。他的睫毛因为阳光的照耀而变得异常显眼。宋菱那个时候才知道，原来这世界上是有好看的男孩儿的。他与她的男同学们不同，完全一副不食人间烟火的样子。

宋菱看得出神。她能听见远处小道上传来的欢笑和惊呼声，也能听见耳边传来的呼呼风声，却没听到他那句："你是谁？"

"你是谁？"这一次他直接站了起来。

他的个子不高，比宋菱高一点，他依旧拧着眉，直直地看着她。

这一次，她终于听见了他的问话，她眯了眯眼说："宋菱。"

"宋菱？"他好像再次确认一般。

"我能和你成为朋友吗？"宋菱还来不及点头，他的声音就在耳边响起。

"嗯。"她愣怔片刻，随即猛点头。她当然很乐意跟这样一个小少爷一样的人成为朋友，那多有面子啊。

于是宋菱席地而坐，开始有一搭没一搭地跟他说话。

明晃晃的阳光倾泻而下，周围洋溢着一股清香的气息。宋菱一脸笑容，而旁边的男孩儿却始终保持着一张冷静的脸。这样气场不相符的两个人，看起来根本没有成为朋友的可能。

（二）

从那天以后，江程就成了宋菱在普罗旺斯唯一的玩伴。

宋菱每天都会去薰衣草花海，蹲在摇曳着的花中，看着江程一副身形萧条的模样，总觉得，这个世界上，再也没有如此好看的男生了。

他总会拉着她的手走进更深的花海，然后聊故乡、动画片，但更多的时候只是沉默。这样的时刻，江程会闭上眼躺在地上，听耳边传来的呼呼风声。而宋菱，看着清秀无比的小男孩，也会忍不住学着他的样子，躺在地上静静地听。

不过，只有她自己知道，她没听见风声，只听见了江程的呼吸声，以及自己的心跳声。他每完成一次呼吸，她的心就会跳四下。

那个夏天似乎是人生最悠然的季节，两人终日躺在薰衣草花海里，盼着日出，等着日落。除了饭点，貌似相当长的时间都拿来消费在这花海里。

很久以后，宋菱总会觉得那些过往仿佛梦境般，虚幻得像是根本没有存在过。如果不是江程偶尔发来短信，她大概会以为，那年夏天发生的事情，不过是梦一场。

那些弥漫着薰衣草花香的气息一次次涌上心头，他笑起来很拘谨，安静的时候周围的空气仿佛也凝滞了一样。

“宋菱。”室友拍了拍她的肩膀，“明天去茶山呗？”

宋菱从回忆中回过神，还有些许恍惚，怔了片刻，缓缓开口：“我可能没时间。”

“得了吧，你今晚加油写写稿子，明天不就有时间了？”室友这个时候刚好撕开面膜，“宋大小姐，你再不出去走走，会发霉的。”

室友取出面膜，揭下薄薄的塑料纸，在手掌心摊开：“发霉了，就不要你了。”说完便将面膜轻轻敷在脸上，自顾自看综艺节目去了。

宋菱看了看电脑，左下方显示着字数为2562，离一万字还很遥远。但室友说得很对，再不出去，估计会发霉的。

宋菱望了眼室友，振作起来，噼噼啪啪开始敲击键盘。她决定了，明天出去走走。

隔日一早，宋菱便拽着室友下床。室友迷糊着睁开眼，拿过手机一看，“才六点，再让我睡会儿。”

最终室友带着一脸倦意随宋菱踏上了公交车。宋菱纳闷，之前怎么没发现学校附近竟然有如此好的天然氧吧，只呼吸一下，她便全身舒畅，她瞬间爱上了这里。

因为欢喜，她的步子也加快了不少。渐渐地将室友落在了后面，她每用力吸一下空气，身体就会放松一点。她忍不住闭上眼，聆听风声，四周一下子安静下来。片刻后，她睁眼，却捕捉到一抹熟悉的身影。

宋菱款步而上，那人似乎也加快了脚步。手机这时适时震动起来，她用食指轻点两下，屏幕立刻亮了起来："下个星期我回国。"

简短的七个字，像是说着平常事一般。惊喜、惊讶，宋菱早已分不清自己的心情，她望着前方那个很像他的背影，不自觉地嘴角上扬。她的心忽然就像被薰衣草的花拂过，柔柔的。

（三）

江程一出机场就看见了宋菱，十年不见，她早已亭亭玉立。若不是那熟悉的眼神，他大概会认不出她。

“好久不见。”他上前拥住她，宋菱有点错愕，但脑袋迅速运转，这只是国外的一种打招呼方式。

“回来真好！”她推开他，捶了捶他的胸膛。

看着眼前的人，宋菱有点失神。十年，原来可以改变好多呢，小男孩变成了少年。不过，她不得不承认，他的眉眼越发好看。

那晚宋菱带江程去江边，风吹得她眼睛通红，不到十分钟，她就哭了。

江程像小时候一样拉过她的手放在掌心，眼神无比心疼：“发生了什么事？”

“没有，我只是以为再也见不到你了。”她说得认真，不过这的确是她的心声。自从那年回国以后，她总担心江程会随时消失在她眼前，她总觉得自己会一不小心弄丢他。

“笨蛋。”他宠溺地摸了摸她的头发，“等大学毕业我就回来。”他说话的声音很柔，就像是怕惊扰了她。

这个姑娘，好似跟以前大不相同。那个性格热烈的小女孩儿竟被岁月偷偷带走了，留下这个安全感极差的少女。不过，江程觉得，不管什么性格的她，都是美好的存在。

江程其实也不知道宋菱到底哪里好，可是这么多年来，他再也没见过宋菱那样的眼神，无比真诚而惊讶，那是他们的第一次邂逅，好像冥冥之中注定了什么一样。

她喜欢他，他早就了然于心。他也喜欢她，只是他更善于掩藏。

“真的？”她的眼里瞬间亮了起来。

晚风吹动她的额发，光洁的额头在月光下显得异常可爱。江程快步上前，低头吻了她。那一吻很浅，是他小心翼翼又无法克制的试探。

宋菱怔住，因为惊讶而睁大了双眼，样子看起来十分滑稽。

江程退开半步，为自己的情不自禁懊恼，他尴尬地看着她，想说点什么打破这糟糕的氛围。宋菱这才完全反应过来，唰的一下红了脸，她大大方方地上前拥住他，就像从前一样，不过，这一次多了幸福的味道。

那一夜，星光很美，抚慰了两颗彼此思念的心。宋菱望着他笑，那笑容照亮了他的眼睛，也照亮了他的心。

这一年，她十六岁，他十八岁，都还是不懂爱情的年纪。算多了也只是喜欢，那种站定脚步就不愿往前一步的倔强。

（四）

江程回到普罗旺斯后，总觉得他们开始得有几分草率，他想补一场盛大的表白，可是宋菱说，再浪漫的告白，都不及你在身旁。

那是异地恋人常有的想法，他们也不例外。江程听到这些话时，总觉得宋菱在努力压抑着情绪，他能感觉到她的失落。

但这样的失落，很快就会被宋菱下一次的电话打碎。越洋电话的那端，她笑着对他说：“我等你！”

江程知道，她一个人调整好情绪，为了让他安心，故意笑得开心。他看不见她的笑容，但真的心疼这笑容背后的故作坚强。

于是江程一放长假，就火急火燎地赶回国。宋菱总会早早等在机场，看见他出来，给他一个结结实实的拥抱。他看着她重重的黑眼圈，猜到她前一天兴奋地睡不着。他有点心疼，却也没明说，真希望一辈子都可以这样抱着她。

可现实总是不遂人愿的，等待也未必能守住深爱的人。

他们第一次分离，是因为他们毫不避讳，在学校大门口拥抱。那年夏天宋菱临近高考，江程请假回来陪她度过最艰难的学生生涯，并没有事先让她知道。

高考前的休息日，宋菱没有过多的期待。她如往常一样走出校门，却突然被人钳住了胳膊，她皱着眉头转身，便看见了日思夜念的江程。她掐了下手腕，确定不是在做梦。于是她上前，环住了他的腰。

江程被怀里的人撞个满怀，僵持在空中的手也不自觉地轻拍她的肩膀。短暂的甜蜜相拥后，宋菱一回头就看见了母亲的车。宋菱是被母亲强拽进车里的，即使江程苦苦哀求，她始终都面无表情。

客厅里，宋菱手指绕着发梢，一副不以为然的姿态。母亲一巴掌扇在她脸上，眼里全是愤怒：“你还要不要脸，这么小就学会勾引男人？”

七岁那年，父亲的婚外情被母亲逮个正着，两人整天吵架，最后不欢而散，法院将她的抚养权判给了母亲。从那以后，母亲未再嫁。也是从那时开始，母亲对她无比严厉，她因此害怕母亲。那段时间，母亲整日酗酒，醉了就打骂宋菱。若不是奶奶强制带走她，她估计会被母亲虐待而死。

“我怎么不要脸了？我们干了什么见不得人的事？”宋菱刚说完，又一记耳光落在脸上。

母亲气得浑身发抖，拉着宋菱冲进房间，然后将她反锁在屋里。

宋菱蹲在大床边哭泣，哭着哭着就睡着了。醒来的时候，天已经完全暗了下来，她抓过手机一看，31个未接电话，全是江程的。

她慌乱地回拨电话，手指还在颤抖，电话一接通，那边就传来他紧张的声音：“你没事吧？”

宋菱暗哑的声音响起：“我没事。”

江程站在她家楼下，看着里面明晃晃的灯光，心一紧。她肯定受委屈了，他知道。

“我在楼下，我陪着你，别怕。”江程柔声道。

宋菱爬起来冲到窗边，一眼便看见了站得笔直的江程，她一时语塞，只是跟他挥了挥手里的手机。他好听的歌声就在耳边响起，宋菱靠在窗框上，握着手机安静地听着他唱歌，看着那个孤独的身影，忍不住落下了眼泪。

（五）

高考结束，宋菱以为，他们终于可以光明正大地在一起了。她满心欢喜，按下一串早已烂熟于心的数字。

可是，电话那头除了机械的女声，别无其他。再后来，电话那端被她打关了机。

宋菱跑到江程家里，什么都没有了。考前他还鼓励她好好加油，承诺说考完带她去普罗旺斯。宋菱找遍了所有可能的地方，可是仍旧没有他的消息，她向所有认识他的人打听他的下落，没有人知道他去了哪里。他就如石沉大海般，消失得了无痕迹。

直到高考分数揭晓，宋菱依旧没等来江程的消息。

母亲立在门外，脸上有难以抑制的喜悦："报川大吧，你的分数绝对够了。"

宋菱好像没听见一样，继续望着天花板发呆。江程，你在哪里？

"今晚想吃什么？"母亲的声音再一次在偌大的客厅响起。

宋菱眼睛一眨不眨地盯着天花板，腾地起身，冲了出去，完全不理会母亲身后的呼喊声。

宋菱找到奶奶，要了父亲的电话号码。十年不联系，她没有半点生疏感，就像往常一样，她说：“爸，我要来见你。”

父亲的新妻子有一头漂亮的卷发，笑起来眉眼弯弯，看上去应该四十岁左右。宋菱不讨厌她，也不怨恨父亲，她总觉得感情的事情，太复杂，说不清楚，道不明白，也不是一件能用理智解决的事。

宋菱一见到父亲，就率先开口：“爸，你送我出国吧！”

她第一次用哀求的眼神看着他，他有点意外，但最后什么也没说，只是问了句：“到哪里？”

父亲很快安排好一切，宋菱坐在飞往普罗旺斯的客机上，想起他们的初见，安慰自己，也许他只不过是短暂的离开。

走出机场，橘黄温亮的阳光涂抹在人们脸上，风暖暖地吹过，空气里似乎飘荡着薰衣草的花香。宋菱深吸一口气，有熟悉的味道呢。

然而，她的幻想却在那一天完全被击碎。江程辍学了，具体去了哪里，校方拒绝谈起。

自那以后直到开学，宋菱都没有再见过江程。她去过他走过的每一处，心也慢慢安静下来，她铁定了心会等他。也明白，如果不想被她找到，就算她费尽心思也寻不到他的踪迹。

江程，没关系，我等你，我会一直等你，一直等到你出现为止！

（六）

之后的一年，宋菱按部就班地上课、写作，生活索然无味。她依旧等着她的江程，依旧相信他会再次出现在她眼前，笑着跟她说："笨蛋，我回来了。"她会一如既往地上前拥住他，诉说自己的想念。

只不过，这些都是宋菱臆想出来的。江程也许不会回来了，她隐约觉得。

有一日宋菱午休时，做了一个噩梦，梦境中她惊恐万分大声呼喊，汗涔涔地从梦中惊醒的时候，喊出的是江程的名字。

她走出教室，一眼就看见了熟悉的身影。那人戴着鸭舌帽，刻意压低了帽檐。他走得非常快，宋菱小跑着跟上，跑得气喘吁吁的，额头上都出现了细密的汗。

他完全没有要停下来的意思，宋菱着急地喊"江程"。

就在这时，他的脚步猛地一滞，跟着他整个人重重地摔在了地上。

这一系列的动作发生得太快，快到宋菱大脑一片空白，她快步上前，却被越来越多的人往回挤。这时，刺耳的铃声在校园里响起，她才发现，已经到了上课时间。

好不容易挤出人群，她迫不及待地往他摔倒的地方跑去，然后就僵在了原地。他不见了！两分钟前，她还看见他莫名其妙地摔倒，可现在，他不见了！

难道是她产生了幻觉了？她的视线落在地上，什么都没有，不，不会是幻觉。她闭上眼睛开始回想刚才的每一个细节，灰色运动装、黑色鸭舌帽、摔倒……摔倒。

她蓦地拐进唯一的通道，还是没有些许痕迹。她捶打自己的脑袋，突然觉得头晕，身子一软，便没了意识。

醒来的时候，她看着周遭陌生的一切，室友推门而入，“你醒来了？喝点水。”她将玻璃杯递给宋菱。

“我怎么了？”对啊，自己怎么了，明明她是在追赶江程，怎么会在这里？

“你太累了，都昏迷了两天两夜了！”室友递来刚削好的苹果。

“两天两夜？你在哪里见到我的？”宋菱追问。

“医院给我打的电话，可是，真奇怪，我见到你时身无一物，医院怎么知道我号码的？”室友说着皱起了眉毛。

“你把你手机给我看看。”宋菱着急地催促道。

室友拿出手机，宋菱迅速翻出两天前的通话记录，回拨，那边很快接起了电话，好听的女声传来，宋菱慌乱地挂了电话。

室友看着她这一系列莫名其妙的举动，忍不住调侃她：“干吗？搞得跟破案一样？”

宋菱摇了摇头假装没事儿人一样，她知道，是江程，那天也是他。只是，他到底为什么要藏起来？他究竟在躲着什么？

她带着疑问在药物的作用下沉沉睡去。她不知道的是，门外站着的就是她的江程，可是她睡着了，毫无知觉。

（七）

从医院出来后，很长一段时间，宋菱都严重失眠。脑中总是想起那天的片段，她想不清楚到底发生了什么，他明明关心她，却始终不愿现身。

这件事情过后，宋菱总会感觉身后有人跟着，可一回头，望着人潮涌动的街道，没有熟悉的脸，就连江程着装怪异的影子都没有。

城市依旧耀眼，星光璀璨，可宋菱的心一天比一天冷。她怎么也想不通，他们之间到底出了什么问题？

宋菱后来去追查那天的事情，可是医院矢口否认江程来过，万般无奈，她只有折回学校。她想，江程，你要是不愿意出来，那我就不再找你了。

果真她不再找他，安安静静上课，日子突然空出来一大截儿。她没事干，决定当志愿者。Alan 就是她在义务支教时认识的男人，他喜欢她，一见钟情。

三年里，没事的时候他便会陪她一起上课，讲好笑的故事，她的口语依旧不太好，却能听懂 Alan 讲的笑话。有时候她只是轻轻一笑，有时候也会大笑不止，笑完之后，她时常会恍惚，觉得身边站着的不是 Alan，而是江程。

进入一月后，日光惨惨淡淡，仿佛永远也回不到那个明媚的下午。

宋菱开始计划找工作，整天忙得不可开交。Alan 还是没事就往她这边跑，有时候她笑话他，这么多年了，你怎么还不死心？他厚着脸皮回话，这么多年了，你怎么还没被我打动？

没被打动？呵，怎么会没有感动呢？可是爱情里不应该只有感动，她心动的人自始至终只有江程一人。

毕业典礼结束的时候，Alan 抱着一束鲜花站在宋菱身前。她站在人群攘攘的礼堂里，一眼瞥见了角落里的江程。

她用力推开 Alan，拼尽全力跑向江程。人依旧很多，眼看他又要再一次从自己眼前消失，她急了，大声喊："江程。"

这两个字几乎是带着哭声喊出的，她的声音因为紧张而有点发颤。他脚步一滞，正欲逃离。她先他一步挡在了他身前，这一次她成功地阻止了他的离去。

在这条寻找他的曲折路上，命运总算是没有辜负她的努力，她终于找到了她的江程。

少女特有的温柔清冽的嗓音从身前响起，直达内心深处，"我等你很久了。"

（八）

江程只是用力压低了帽檐，他只想逃，可是，无处可逃。

宋菱几乎是发了疯般死死抓住他的衣角，可抓住了，又能说什么呢？

他是回来了，可是很明显，他并不想她知道他来了。周围依旧人头攒动，他们就这样僵持着没说一句话。

宋菱望向戴着口罩的江程，想哭，却终究忍住了。她假装笑得自然，再一次重复："江程，我等你很久了！"

他扭过头，不敢直视她的眼睛。

宋菱上前拥住他，像过往脑海反复排练过的那般，她紧紧收住环绕着他腰际的手臂。他瘦了，瘦了好多，隔着衣服都能感觉到他凸出的骨头。

宋菱拉着江程的手回家，每走一步都很小心。此刻，他像个孩子一样任由她牵着，宋菱多次想回头，却不敢，怕他看见自己满眼的泪水。

晚上她躺在他身旁，他睁着眼睛看她，眼里全是心疼。宋菱将手伸向他的脸，试图取下他的口罩。他如受惊一般，顿时弹坐起来，躲着她的手，眼神里满是恐惧。

宋菱也被吓了一跳，拉着他的手告诉他，再也不碰他的口罩了。他这才放松下来，揽过她的肩，隔着口罩吻了吻她的眉心。她的眼泪就猝不及防地落了下来，心里呢喃着，江程，江程。

宋菱一夜没睡，她害怕一觉醒来他又会消失得无影无踪。她其实很累，可她倔强地握着他的手，不愿闭眼。她想，再也不让他走了。

她大概不知道，其实，江程也是一夜未眠。而今的状态，他根本没办法说服自己面对她。他想，或许是该离开的时候了。

隔日一早，阳光出奇的好。宋菱放好洗脸水，推着他进洗手间。他看着洗脸盆里的水，如昨晚一样将她推到门外。

宋菱听见里面细微的水声，猜到他发生了什么，只是，那究竟是怎样的一段过往？她无法知晓，心想只要他回来就好。

宋菱拉着江程走进薰衣草花海，那是他们初见的地方，那么美好。她笑着挽着他的胳膊，周围有好奇的眼光投来，这烈日炎炎的，怎么有人裹得这么紧？每当这时，江程就会用力压低帽檐。而她，看着他，只是用力收了收自己的手。

但最终，宋菱还是弄丢了江程。就在他闭眼躺下的时候，她放心地躺在他身边，听见他有节奏的呼吸声，沉沉睡去了。

等她醒来，身边早已空无一人。她大声喊他的名字，可是除了风声，没有人回应她。

（九）

宋菱知道，有些事回不去了，她苦苦等待四年，他最终还是选择了离开。她不怪他，反而恨自己，为什么当年没及时联系他。

如果不是高考前夕答应母亲不见他，是不是就不会弄丢他？可是，生活没有如果，回不去了，发生的事情已经没办法阻止了。

回来后宋菱就病了，要不是 Alan 给她送毕业照——打她电话没人接，才撬了门闯进去——估计她就发高烧死掉了。

迷迷糊糊间，她感觉到一个温暖的怀抱，不自觉地往里靠了靠脑袋。

半睡半醒间，宋菱看见一抹熟悉的身影。她担心自己在做梦，想掐自己弄清楚，可又害怕自己的动作惊扰了他。最后，她选择不动。

那个人轻轻蹲在她床前，握住她的手，她感觉到熟悉的温暖，睫毛忍不住动了下。他看着她细微的动静，伸手用指尖碰了碰她的眼皮，最终留在了她的脸上。她不敢动，也看不见他的表情，但能感觉到他努力压抑的叹息声。

宋菱突然就失控了般，猛地起身，一头扑进他的怀里，“江程，不要再走了，没了你，我还怎么活？”

她几乎祈求，他身体僵硬片刻，而后便哽咽着落下眼泪。宋菱抬头，替他拭去泪水。

那天的最后，宋菱试探着摘掉他的口罩，他没有挣扎。口罩完全摘落时，宋菱差点哭了出来，半边脸已经完全扭曲，疤痕高高地凸起。到底发生了什么，他的脸才被毁成这样？

宋菱满眼泪水，冰冷的唇覆上他的疤痕，轻轻柔柔，像是要抹掉那些伤疤一样。末了，她难过的声音在房间响起：“答应我，不走了好不好？”

江程犹豫片刻，终是点了点头。嘴巴一张一合，想要说什么，却发不出任何声音。宋菱看着他痛苦的模样，心疼地用手覆住他的唇，原来他竟失语了。她的心难过得像是被人狠狠揪住一般。

重新回到这个城市的第一天，宋菱给他买来了他以前爱穿的白衬衫。坐在观景台上，气候温和，空气清新醉人，蔚蓝的海水像水晶般洁净。她忍不住用力吸口气，而后握紧了他的手，再也不愿放开。

普罗旺斯薰衣草花语——等待爱情，只要用力呼吸就能见证奇迹。就像他们的爱情一样，会有一个完美的结局。

【后记】

很久以后，宋菱才发现那年的秘密。而那个秘密，只让她坚定了一件事，那就是这辈子也不要和江程分开。

那晚发生了什么呢？

江程开车去找宋菱的母亲，她打电话给他，希望好好谈谈。饭桌上，她与他对坐，很久之后她开口："听说你父亲刚破产？"她看了看他惊慌的表情，很是满意，继续说："那你有什么能力让我女儿过得更好？"

"我可以努力……"他极力争取。

"可我不愿意给你这个机会。"她站起身，补充道，"等她高考完，我就送她出国，希望你不要再联系她，否则……"她说完径直走了出去。

江程明白她话里的意思，她有能力扳倒父亲的事业。那一刻，他不是害怕，只是觉得自己没用，没有能力保护自己爱的人。

他记得自己喝了很多酒，然后醉醺醺地上车，迷迷糊糊地拧开了车钥匙。车没有起步多久，便发出一声极其沉闷的撞击声。他醒来的时候已经在医院病床上，脸上裹着纱布，喉咙痛得厉害。

他的勇气在那天消失了。

后来他只能默默地跟着宋菱，悄悄跟在她身后。看着她过得那样辛苦，他忍不住自责。家里为治好他早就倾家荡产，他的脸和嗓子依旧没有丝毫起色。他终究不忍心，比画着跟父母说不治了。

然后他就像蚕一样，把自己包裹起来。

如果不是看见宋菱那般痛苦，他大概始终会活在过去，活在这一片沉重的阴霾里，不愿走出来。

“没了你，我还怎么活？”宋菱是认真的。

“如果我的离开会让你难过，那我死也不会离开。”江程也是认真的。

“薰衣草的花语是等待爱情，所以，再久我也愿意等你。江程。”

“江程，普罗旺斯还是骑士之城，所以我相信，你就是我一个人的骑士。”

江程低下头，把脸埋进她的掌心。她的掌心柔柔的，像是能融化掉所有的不幸。宋菱，遇见你，花光了我所有的好运，没有一个人能代替你。

第四辑

有些事，总要学会自己慢慢适应

有些人的心就像公交车站，雷打不动地待在原地守候，可等来的却是一次又一次的分离。我们常犯的一种错误是，感受到温暖就忘记了爱情寒冷的一面，看到爱情的冰凉就忘记给自己阳光。其实，短暂的陪伴不过是让你知道，这段关系根本不重要，重要的是你能在这样一段关系里，学会怎么爱人以及拥有爱人的能力，明白这个世上还有很多东西是值得你去靠近、去保护的。

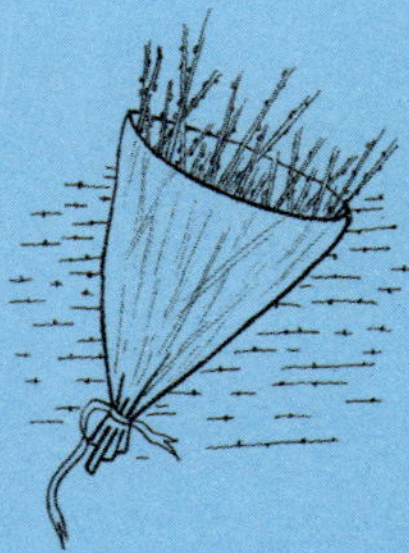

一个人的冬至

早上母亲打电话来，说老家下雪了，问她最近身体怎么样，工作如何，并提醒她今天是冬至，记得吃饺子。都是一些琐碎的事，却从电话那一端带来真切的暖意。

苏漓挂断电话，半晌才走进房间，室友还在休息，苏漓换好衣服，轻轻带上门离开。珠海现在正是阳光明媚，没有一丝丝的寒冷，阳光温柔地落在她的发梢，就像某人的气息，抓不住，触不到。

在这个十二月的暖阳中，苏漓收到一条短信，内容只有“冬至快乐，我今天结婚”短短九个字，号码没有存，但苏漓清楚地知道是谁。她红了眼眶，几乎要哭出来。

那是她从前的一段感情，真实却又遥远，好像不曾拥有过，又好像是一场很长很长的梦，哪怕苏漓万般不情愿，还是醒了过来。

他们从认识到现在，每一个节气，他都会发条短信给苏漓表示祝福。她也曾回过那样的信息，只是，似乎已经是很久远的事情了。

安奁第一次见到苏漓还是在她大四的时候，她实习的广告公司就在他办公室的对面。那天正下雨，所有的行人都脚步匆匆，她却像个蜗牛一样慢慢行走在细雨之中，脸上洋溢着满足的微笑。安奁就是在起身的那一刻看见了别样的苏漓。

生活在钢筋混凝土世界久了的人，很容易被单纯得像个孩子的她吸引。何况，她的天真已经近乎痴傻的状态。

这个女孩儿有时笑得傻傻的，好像全世界的烦恼都与她无关。有时安静得像本书，怎么品都读不懂。大多数的时候，留给安奁的是一个孤单的背影，就像被大人丢弃的毛绒玩具，躲在肮脏的墙角，不知所措。

真正相见也不是偶然，算是安奁的有意为之。刚来到公司不久的苏漓，太过天真，她以为竭尽全力做好自己的事就不会出现任何状况，可是现实世界有太多的钩心斗角，这个涉世未深的姑娘哪里懂得。所以很容易被同事欺负，苏漓也一直忍着，可还是忍不住觉得委屈，下班后独自一人偷偷抹眼泪。

安夋递过来一张面巾纸，苏漓微怔，接过纸巾，哭了个够，他们这就这样认识了。

这些，苏漓是在很久之后才知晓的。她以为的偶然，不过是他的有意靠近；她以为的初见，也只是她一个人的初见。

两人之间渐渐有了来往，他会主动给她发微信，都是很简单的问候。

人家都说三十岁还没结婚的男人，要么太挫，要么就是要求太高，安夋属于后者，但也不完全是。用他自己的话说就是还没玩够，说白了就是一个有钱的浪子。他挣大把的钱，追自己顺眼的女人。

苏漓算是其中一个，相貌最平凡的一个。

王子与灰姑娘的故事，苏漓从记事起就不相信，那只是存在于童话中。苏漓自知，这个社会的王子早就有了自己的公主，所以她从没想过安夋会看上她。

就因为没想过，所以很多事情在慢慢偏离轨道时，苏漓从未有所察觉。比如不知什么时候安夋开始每晚打电话过来给她讲故事，每次早上醒来都会收到“你又睡着了”的抱怨信息。又比如，每次安夋出差回来，都会带给她合心意的小物品，然后被她扔在了不知哪个角落。还比如，安夋带她参加各种聚会却又准时送她回家的场景。

安夋讲故事算是个高手。苏漓从没见过一个男人可以把文言文一字不落地直接翻译成白话文，第一次听他讲的时候，苏漓完全一副不相信的表情。苏漓记得那些美好的夜晚，就像是无数个有星星的夜里突然看见了流星，令人激动不已，却又忘了自己要做什么。每次等她睡着，安夋会习惯性地亲亲她的额头，说一夜好梦。

偶尔看见安夋紧皱的眉头，苏漓总会唱一首童歌给他听。安夋后来才知道，那首歌叫《捉泥鳅》，很美好的歌词，一如他们的爱情。

在感情迅速升温之前，他们没有经历过大起大落，故事发展得太过自然，所以后来在苏漓的记忆里除了每晚好听的故事和问候，剩下的她都无法想起。

或许没有刻骨铭心，才会矛盾不断。

第一次争吵，也不过是为了苏漓晚归。那天她临时陪老板应酬，喝得太多，刚进家门，安夋看见醉得一塌糊涂的她心疼不已。等她完全清醒过来，安夋捧着她的脸，轻轻说了句："你把工作辞了吧。"

不是商量，是命令，虽然语气不强硬，苏漓明显感觉到他的不开心。苏漓没有点头，也没有拒绝，安奁就忍不住发了火。等到争吵完，苏漓翻个身难过地睡去。

第二天早起，苏漓做好早餐，便匆忙离开。安奁站在偌大的房子里，无比孤独。

数不清的争吵随即而来，这样的日子过了一段时间。

那天，苏漓像往常一样下班，打开家门，里面漆黑一片，安奁不在。苏漓也没有放在心上，转身钻进了厨房，开始忙碌起来。

苏漓坐在餐桌前，望着还算丰盛的菜，陷入无边的自责中。有多久没有好好陪他了，有多久没有一起好好吃过饭了？似乎有些久远，远到她连模糊的碎片都想不起来。就这样等着等着，她竟然在这渐凉的夜里沉沉睡去。

清晨，阳光从窗户探进来，落在她的脸上，她似乎睡得不太安稳，睫毛轻轻动了下，才感觉到周围刺眼的明亮。苏漓缓缓睁眼，看着原封不动的一桌子菜，有点失落。安奁没有回来，一夜趴着，脖子有点疼，她起身走进浴室，拧开花洒，水缓缓流过全身，冲掉了疲惫，冲掉了难过，顿时感觉舒适了不少。

苏漓打电话给安巹，没有接，里面传来机械的女声，冷冰冰的。

安巹回到家，已经是深夜。没有开灯，电视开着，声音不大，窝在沙发里的苏漓看起来就像个兔子，安静又可爱。

安巹想起之前的无数个夜晚，他给她讲故事，她安静地依偎在他怀里，像个可爱的兔子，讲到恐怖之处，她会突然尖叫一声，紧紧环住他的腰。安巹每次看到这样惊恐的她，就忍不住怀疑，这个像兔子一样的姑娘大概是来自别的星球，与这个世俗的社会格格不入。

安巹从回忆中努力回过神来，亲了亲苏漓的额头，打横抱起将她轻轻放在床上。

苏漓最近神经有点衰弱，特别容易惊醒。她睁眼，他刚要起身。

“又出差了？”苏漓轻柔的声音响起。

“嗯，我去洗下，你先睡。”安巹说着便脱下西装，放在置物架上。

安巹撒谎了，他的眼神明显在躲避，而且，明明行李都在。

脚那头突然传来的震动让苏漓忍不住缩了缩脚，她起身拿起手机，放到床头柜的一刻，屏幕上好听的名字让她愣了片刻，她轻轻点开。

“谢谢你，夵，今天我很开心，想你，晚安。”

就算是白痴也知道，他们的关系并不简单。苏漓有点气愤，心里空落落的，这种感觉真苦。

安夵从她手里夺过手机，看了眼信息，面不改色地说：“不过是老同学，正好碰到，一起吃了顿饭。”

苏漓莫名的愤怒，都这个时候了，他还在骗她。她不想说话，不想争吵，太累了，这样下去太累了。

翌日清晨，苏漓收拾好行李，从安夵的房子离开。刚好是冬至，冷得出奇。明明前两天还有太阳，今天怎么就冷得寒心呢？真冷，一同冷却的还有她的心。

时间就这么过去了，安夵没有找过苏漓，一次都没有。

这么多年来，只是如初识一样，二十四个节气，每个节气一条信息，没有多余的话。他还是和以前一样，结尾不喜欢加标点符号。

回忆是有味道的，但多的是苦涩。爱情走的时候，谁也没办法挽留。

偶尔苏漓还会想起安衾，在夜深人静时，在喧闹的人群之中，总会感觉他还在身边，就像现在，回忆淹没了她，让她喘不过气来。

就是在今天，他们多年前分开的这天，他结婚了，穿着一身笔挺的黑色西服，身旁的新娘有姣好的容颜，真般配。苏漓在宾客中忍不住默默流下了眼泪。

热闹间，他搂着新娘过来一一敬酒。苏漓一仰头，喝完了整杯，他们的爱情，就这样被她独自饮尽，好苦，却再也开不了口。

“以后一定要天天快乐！”安衾在苏漓离开前，认真地看着她说。

不知道为什么，在这个夜里，苏漓感觉如此落寞，难过又想哭。

再也没有机会来一场好好的告别

这一生我们到底会错过多少告别，事后又无法抑制地想念或者说后悔，谁也不知道。很多时候，我们并不觉得有什么，事后想起，却是那么揪心。

吃饭吃不了几口就作呕，只能强塞进嘴里，吃一顿饭，吃得眼泪忍不住往下流。以前二十分钟就能轻松吃完的饭，现在吃一个小时也吃不到五分之一。从他离开的那一刻起，这样的日子就一直伴随着枣儿。

该怎样描述他们之间的那段过往，枣儿坐在电脑前想了很久、很久。

你们有没有过这样的经历，在还不懂爱的年纪，遇见了想与子偕老的人。在懂得爱的时候，身边却不再是他 / 她。

树根就是枣儿想同走一生却永远也不可能的那个人。如果要问为什么，理由很简单，他不爱了。是的，是不爱了。

这件事其实很离奇，就像前一阵上映的电影《七月半之恐怖女宿舍》一样，明明不是开学的季节，这所学校却开学了，明明没到分手的时候，他却先离开了。

枣儿将自己关在房间里哭了三天三夜，从此以后再也没爱上一个人。

2000年，枣儿十四岁，他十五岁，毕业晚会上，枣儿在黑暗之中壮着胆子亲了他的侧脸。2010年，枣儿二十四岁，他二十五岁，他借着喝醉附在枣儿耳边说分手。

相遇那么美好，过程也那么美好，枣儿一直以为他们的结局也会美好，后来才发现，不过是自己编织的谎言。

枣儿还记得第一次偷偷亲他时自己慌乱的心跳，还记得当时因紧张而冒汗的双手，还记得他被自己亲时说的那句：你要对我负责哦。

果真，枣儿对他负责了，报同一所高中，同一所大学，毕业后住同一所房子。

冬天太冷，枣儿体寒，他将枣儿的脚夹在小腿间，整整一个晚上都不会动一下；第二天起床，他为枣儿穿上袜子，总是捏着枣儿的脚，跟他的手掌相比，纳闷怎么这么小呢；出去吃饭，枣儿习惯先喝水，他总是先跑去倒一杯热水给枣儿；逛街累了，他往地上一蹲，等着枣儿爬上他的背……这些明明已经走远的场景，却常常会跑进枣儿的脑海。

第一次吵架是什么时候？高一期中考试前一天，枣儿复习到凌晨四点。他心疼得埋怨枣儿不会照顾自己，枣儿心想还不是为了赶上你的脚步。

枣儿想啊想，却发现记忆里竟然没有那些不美好的事情了。

时间，原来真的会冲淡一些事情呢。你看，我都不记得我们那些面目狰狞的瞬间了。

枣儿不是一个聪明的女人，所以他离开的那一刻，枣儿没有心平气和放他走，而是泼妇骂街般骂他没良心。枣儿让他滚，独自买醉，没有好好说一句再见。

要过很多年，再想起时，后悔四处蔓延，也才明白，这一辈子，很多人都会陪你走过很多路。然而，很少有人能陪你走到最后。

很多年以后，再也没有机会来一场好好的告别，因为那些我们错过的告别，在那个时间点已经结束了。

我就是天底下最好的女人

刚到单元楼门口，手机便催命似的响起。我将手机夹在耳朵与肩膀之间，腾出右手去掏钥匙。电话那头突然传来闺蜜的哀号，我愣了一下，便自顾自地开门。

你说我没良心？那你可错了，她跟她男友分手跟吃饭一样平常，时间久了，别说我们，连她母上大人都麻木了。兜兜转转，反正会和好，我们都知道。

忘了说，我闺蜜叫马如意，她男朋友叫李睿。你问我叫什么？嘿嘿，不重要。

“马如意我告诉你，姐可还忙着呢，你别闲着无聊逗我玩啊。”我一脸严肃道。

“我们真分手了，都一个月不联系了。”她在电话那端鬼哭狼嚎。

事实证明，这的确是一个很严重的问题。一般而言，马丫头与李睿吵架不会超过两天就会和好，马丫头讨厌冷战，所以与男朋友约法三章：吵架后不许超过两天不联系；每次吵架不能说“分手”多于三次；吵架归吵架，不许骂其父母。

然而，这一次，李睿占了第三条，马丫头占了第二条，两人同时占了第一条。

“狼来了”的故事，我们铭记于心，可是总有情侣喜欢把分手挂嘴边。马丫头和李睿将这个故事诠释到极点，最后来个不欢而散。

其实，大学时他们是我们最不看好的一对。马丫头长得很漂亮，叽叽喳喳有很多话，学习成绩优秀，参加各种活动，拿各种大大小小的奖状，身边围满了男生，不乏有很多优秀的让人嫉妒的男神，但愣是没人能入得了她的眼。

我们心里那叫一个悲愤，都感叹马如意要是我亲闺女，我非得绑着她嫁给男神，不管哪一个男神都好。

但是，开学没多久，当马丫头挽着李睿的胳膊出现在我们面前时，我们当即知道所有的希望都要泡汤了。但我们几个名曰朋友的家伙才不会就此罢休，于是我们开始给她灌输李睿怎样怎样不好，看人家任泽熙歌唱得多好，张皓智成绩多棒，李穆楠篮球打得多牛……

“可是李睿就是李睿啊，不管他怎样不好，我都喜欢他。”马丫头一句话堵死了我们喋喋不休的嘴。

我们的破坏计划失败，只得接受李睿的存在。其实也不怪我们，李睿除了弹得一手好吉他，真是要什么没什么，换作任何一个女孩子，有那么好的选项，也断不会选李睿这样的。

在我们愤愤的眼神下，马丫头开口：“我知道你们最好了，可我找男朋友不也是找个自己喜欢的，而且对我好的吗？”

我们彻底被打败，不得不承认，爱情里除了相爱相惜，别的真的不重要。我们几个此后再也没搞过破坏，但我们也不完全看好，毕竟马丫头太过优秀，很大程度上李睿还是有如山的压力。

然而，我们这一帮闺蜜到毕业还没陷入分手危机的也只剩下马丫头。她跟着李睿回了老家北京。从那一刻开始，我们真是由衷地希望他们能一直好下去，能一直幸福下去。

马丫头刚到北京那会儿，有诸多不适应，比如她喜欢吃米饭可是外面很多餐馆都是面食；比如她冬天不习惯戴口罩，可是在北京由于雾霾多有时不戴不行；再比如她喜欢每天登山，但在北京却成了一个很难实现的梦，因为算得上山的地方离他们的住所太远……

刚开始马丫头轮流给我们打电话诉苦，我们就安慰她：“实在熬不住，就回来吧。”

马丫头每次都答：“有李睿，我什么都不怕。”

“那你鬼哭个毛线啊？”我们一脸鄙视。

“就想说，我想你们了，想家了。”电话那边就安静下来。

马丫头虽然表面大大咧咧，实际上心思细密着呢。偶尔矫情起来，连我们都感动得想哭，然而她下一句话，会直接来个 180 度的大转弯。

“我就想蹭你们饭吃，嘿嘿。”马丫头在电话里摆出一副臭不要脸的样子。

在我们超级无语时，她就乐颠乐颠地挂断电话，完全无视我们的抗议。看吧，她就有这个能耐，愣是把你眼里的泪水憋回去，转而忍不住对着早已挂掉的电话破口大骂。

其实我们心里都很清楚，她就是不想我们担心，才假装无所谓。十几年的朋友，没人比我们更了解她，她再苦再委屈，只会自己默默承受，从来不喜欢说出口。

说实话，我后来挺看好他俩。这么多年来，我见过很多闹别扭的情侣，但李睿是我见过的第一个在吵架后总会先一步道歉的男人。我想，这大概就是爱里的宠溺。谁没有一颗小女孩儿的心呢？可是现实中偏偏没那么多的知心大哥哥。

在外面无论多么强势、干练，回到他身边立刻就变成一副小女人的模样，马丫头在这一点上做得相当好。用她自己的话说就是："他在，我就是小女人；他不在，我就是女强人。总之一句话，我就是天底下最好的女人。"

当时，我们打趣她："马如意你还要不要脸啊？这么自恋。"

"本宫所言乃金句，尔等岂懂？"我配合着起身半伸手，她将右手放于我掌心，自演起皇后。

"皇后娘娘说的是，奴婢该死。"另一个闺蜜跟着她入戏。

我甩开她的手："马如意，去你的。"

"你竟敢顶撞本宫，来人啊，拖出去斩了。"马如意发威道。

随后，满寝室都是笑声。直到笑疼了肚子，才想起功课还没做完，匆匆跑去赶作业。

后来，我时常想起那些放肆大笑的画面，似乎还在昨天，可她们已经不在身边了。

“你没事吧？”我努力将自己从回忆中拉回来。

显然我问了一句废话。这事搁谁身上也不会好受啊，更何况这个人是马如意。

“没事，就是告诉你一声，我辞职了，下个月八号回来。”她还带着鼻音，情绪明显糟糕透了。

“我们等你。”我实在不会安慰人，何况，她并不需要安慰，她要的应该是自我治愈的方法。

马丫头连一个“嗯”都没说，就挂断了电话。再之后，我每次打电话过去都是无人接听，我让她们打，结果一样。我担心她出事，于是拨通李睿的电话。

“那啥，你方便吗？能不能帮我去看看她怎么样了？”我知道这是下策，这也不行的话，我就只能走下下策。

“她去台湾旅游了。”那边李睿叹息着说。

“对不起。”我还来不及说谢谢，他就继续说。

我突然一肚子气，直接按了挂机键。他丫的，跟我说对不起干吗，你又不是甩的我。

我以为马丫头会瘦个十来斤，会憔悴无比，毕竟他们在一起八年了，眼看着就要结婚了，却中途停下来。

然而当我在机场看见她时，我可以肯定地说她比学生时代更有魅力。我想，这跟成长还是有关系。

“很高兴你回来。”我上前与她拥抱。

“走吧，先送我回家，明天去面试。”她一脸笑意，完全看不出失恋的样子。

“这么急？”我惊讶。

“这么多年没回家，该好好孝敬父母啦！”她貌似答非所问。

晚上我跟她躲在一个被窝里，这温暖大抵五年不曾有过了。那一夜她说了很多很多，关于李睿，关于他乡，关于工作。

“也许我是贪恋李睿的好，才一直追随，其实真的爱情根本不是追随，而是并肩前行。我花了八年的时间，才看懂这一切。”黑暗之中传来她无比清晰的声音。

“很多事，总要学会自己慢慢适应，依赖太可怕。”我记得这是睡前她跟我说的最后一句话。

就像失去双腿，对方让你依靠，好不容易等你能站立起来，还来不及走，他就离开，甚至连拐杖都不愿扔给你。

马丫头确实是一个女强人，她自己学会爬，即使一路艰难，她也爬回了自己该存在的地方。

我们来到这个世上有太多挫折，活着本身就是一种考验，忍受苦难、失败、伤害，之后才会适应这个世界，活出自我。

曾经我也辜负过一个人

我正在听着周杰伦的《稻香》原版伴奏，周深深的电话就打了过来。我看着来电显示，犹豫着要不要接听，最后还是强迫自己按下接听键。

“喂，我刚睡醒，我梦见你了。”她的声音还带着些许喑哑。

“哦。”

“我梦见我们分手了，你最后抱了抱我，转身就进了检票口，我喊你，你没有回头。我醒来的时候，枕头都湿了一大片，我看着房顶，才想起，我们早就分手了……”

我不知道最后怎么结束的这通电话，也不记得她说了些什么，只记得放下手机时，我满手心的汗。

这是我和周深深分手后的第四年，她还是跟以前一样古灵精怪，给我打电话也从来不看时间。四年来，我只漏过一次她的电话，因为那晚给大一新生开讲座所以调了静音，事后我没有回电话，而她也没再打来过。等到再次联系时，她身边站着一个阳光男孩，有阳光一样的笑容，她在他身边一副小鸟依人的模样。

我嘲笑她："周深深，看好你的小男友，小心被拐跑了。"

"切，跑了，再换一个就是了。"她一如既往的满不在乎模样。

没过几个月，她嬉皮笑脸地给我打电话，"我又成单身贵族了，要不要庆祝下？"

我说好，晚上十点半在"香格里拉"见。

那天晚上我有三节课，下课已经十点过，有学生来问我不懂的问题，我匆匆解释几句就往停车场跑。不知道为什么，明明我们已经分开很久了，总觉得她还在身边。

我赶到的时候，刚好十点半，我穿过热闹的人群，走进角落里我们常坐的位置，空的，她不在。我笑了笑，是啊，她怎么可能会来？她说过的，分手以后再也不见面。那天的最后，我没有在酒吧里烂醉如泥，而是去了我们常去的海棠街，看着身边一对对的情侣，突然想起，原来我们已经分开很久了。

周深深还是没有一句解释，消失了大半年后，再次给我打来了电话。我猜到她又恋爱了，笑她："你真是好了伤疤忘了疼。"

"你不知道我从小缺爱啊？"她提高音量说。

这句话她以前也说过。周深深是在单亲家庭长大的，一直没有安全感。我们相爱之前，她从来都是一个人，总是低着头走路，一个人安静地坐在图书馆，不是看书，而是发呆。

我不知道自己是什么时候开始注意她的。直到圣诞前夕她一直没出现在图书馆，我才发现，自己喜欢上这个从未交流过的女孩儿了。

学校很小，可是想要找一个完全没有交集的人还是很难。我找了她足足一个月，却杳无音讯，我以为我们以后再也不会相见了。

就在我百无聊赖地踏上火车时，下一眼便看见了周深深。我已不记得自己是怎么跟她搭讪的，只记得直到她下车，我才想起找她要电话号码。

"能把你的电话号码告诉我吗？"问完这句话我就后悔了，

女孩子应该都很反感这么直接吧。

她看了我一眼，浅浅笑了下，两个小酒窝在脸上俏皮地动了动，拿过我的手机，轻轻按下一长串数字。

那个时候，我觉得自己还太年轻，以至于直到开学，我也没拨打过那个电话号码。

大一下学期开学，我照例去了图书馆的老地方，这一次，周深深比我先到。她见我进来，冲我轻轻一笑，我壮着胆子，将书放在了她旁边。

说实话，追周深深一点都不费劲。我没买玫瑰花，也没准备浪漫的晚餐，甚至连一个小礼物都没有，那晚从图书馆离开，已经很晚了。五月的天气有了些许闷热，我加快脚步赶上她。“周深深，你没男朋友吧？那我们交往吧？”

那些想好的矫情台词被我忘得一干二净，我一口气把想说的话全部倒了出来。周深深没有停下脚步，我以为她是拒绝了，因为我确定我说话的声音大到足够她听见。

我正在犹豫要不要追上她的脚步时，她突然一个转身，凑到我身边说：“我刚刚想了很久，也没找到拒绝你的理由。”

我们就这样走到了一起，没有电视剧般的邂逅，也没有浪漫的表白，就这样简简单单地开始了我们的恋情。之所以这样说，是因为我们依旧各自忙各自的事，生活并没有因此而改变。

周深深做过许多让我感动的事情，譬如大冬天，她坐了十几个小时的火车只为见我一面。她曾说她想我了就要马上见到我。我们走在冷硬的街头，她总会伸出双手捂住我的耳朵，还一个劲儿地说她不冷，那个时候我真的就以为她不冷。

后来，我无数次一个人走在寒冷的冬夜里，耳朵冻得麻木，伸出手想捂的时候，我才惊觉，哪里是不冷，大概只是心里暖暖的，所以才不在乎有多冷吧。

周深深喜欢哭，看到肥皂剧里的男女主角快分离会忍不住落泪，看见街边的流浪猫流浪狗也会忍不住红了眼眶，每次我们一闹矛盾，她就会轻轻抽泣。我从来没有安慰过她，第二天她会整理好自己的心情乖乖回到我身边。大抵是确定了她不会离开，所以我才那么肆无忌惮地忽略她。

我以前不觉得自己很混蛋，直到她真的决然而去，我才慢慢反思，在一起这么久，她真的很累，而我确实也很混蛋。

我们在一起的时候，总是她在迁就我。我不熬夜，所以即使她一个人在夜深人静害怕得要死，也绝不叫我陪她。她发的消息，我一忙起来就会忘记回复，可只要我找她，她随时在。每个节日，都有她亲手做的小礼物。每次见面，她都会买好我喜欢的绿茶，笑着递给我。有段时间我常常熬夜，她变着法儿给我煲汤……后来我才猛然想起，我基本没用心给她选过小礼物，也很少说情话，甚至连“谢谢”都很少说。

所以，周深深离开，这本身就是必然的。

周深深走的时候，不是暴风雪，也没有下雨，反而阳光明媚，很是讽刺。我问她：“你有没有爱过我？”

“我想你应该确定。”她头也不抬地说。

然后周深深就跟着一个陌生男人上了车，我气愤地发短信给她：“你不就是爱钱吗？”

我从来没发现我内心如此阴暗，也许是真的以为她不会离开，所以才受不了她突然离去。我以为她会拉黑我，或者骂我一顿，然而她只是回了我一个极其简短的信息：“你计划的未来里到底有没有我？”

我才突然发现，我们在一起的时候，我嘴里的那些计划根本没有周深深。我说想去意大利，因为从小喜欢那里；我说我以后要去北京发展，因为我还年轻，应该闯一闯；我说以后房子买在浙江吧，那里环境好……周深深总是这样回我，你要是想去北京，那我看看能不能投下简历，然后我们一起；定居浙江也不错，不过就是以后小宝宝的户口不好解决；意大利呀，我后来了解了下，的确是个很有意思的国家……你看，她有多在乎我，我就有多忽略她。

我是爱周深深的，原以为我只是不擅长哄她。她走后，我才明白，我只是不会爱人，不会爱她，才让她待在我身边那么累，才让她一次又一次地对我失望。

教学这几年，我没有再谈过恋爱，我心里住着周深深，即使她已经不爱我了。我没有找她要求复合，我后来终于理解什么叫爱的人幸福就好。

我现在学会了如何呵护爱人，可身边再也没有了周深深。

嗯，周深深的这通电话是告诉我她下个月要结婚了，她让我一定去。

你看，她早已当我是最好的哥们儿，而我却始终无法释怀。我知道啊，像我这样的人，活该单身。

周深深，我曾经辜负了你。

是我辜负了你。

第五辑
世界还都那么小，让我们单纯好不好

这世界不看好我们在一起的那么多，也不在乎再多几个，即使前方道路曲折，也不会停下脚步，因为你在，一切都变得不那么艰难。时隔多年，重温往事，牵着彼此的手，仿佛能看到永远。绚烂至极归于简单，声势浩大止于平淡，那爱里没有任何杂质，那般纯净，就像雨后的茉莉，久久弥留于心。如此生活，温馨安心。

嘿，那个像狗尾巴草的姑娘

有一种女孩就像狗尾巴草，跟随你到天涯海角，累了，她能让你身心安定。想起她的时候，虽然不会激情澎湃，却能安心不已。

乔良已不记得那年他几岁，第一次跟妈妈去看牙医。那个穿白大褂的男医生拿着大拇指大的小镜子看了看他的牙齿，将冰冷的牙钳伸进他嘴里，不一会儿便将那颗黑色的蛀牙扔进白色托盘里。他本想哭，隔壁床的小女孩儿却“哇”的一声先他一步哭了出来，妈妈说儿子最乖了，一定不会哭的，于是他就真的将眼泪硬憋了回去。

在医生的夸赞中，乔良回头望着齐小云笑，左边被拔掉的那颗牙齿留下的缝隙异常显眼，丑丑的，可是他完全不在乎，因为对面的齐小云更丑，她拔掉的是大门牙，而且看样子还没拔完。那是乔良第一次见齐小云，她扎着两个小辫子，就像黑色的小兔子，是的，那个时候的齐小云，皮肤也黑得一塌糊涂。

再次见到齐小云是隔日上午，那天阳光明媚，她穿着粉色的公主裙，从后面看好像个公主。乔良跟着妈妈上楼梯去画室报名，齐小云的妈妈正在白色纸张上签字，她回头，乔良猛然想起她是昨天那个“黑兔子”，忍不住大笑起来。小小的齐小云当然不知道他在嘲笑自己，看见他笑，她也哈哈大笑起来。小孩子的笑点不知道怎么那么低，随便一件事都能笑到肚子痛。

乔良看见她笑，笑得更加猖狂，他捂着肚子指着她：“黑兔子，你好丑啊！”

齐小云“哇”的一声放声大哭，跑向妈妈，抱着妈妈的大腿告状。旁边乔良的妈妈听见，训斥乔良：“儿子，不可以没礼貌。”

乔良撇撇嘴低下头不说话，齐小云看着他那副低头认错的样子，躲在妈妈腿后，冲他做了一个大大的鬼脸。

就那么凑巧，他们还住在同一个胡同。未长大的孩子，大概是很难记仇的，就算前一刻他还骂她丑，后一秒，一颗棒棒糖就可以让两人和好如初。

再大一点的时候，乔良更加顽皮。每年春节后，他就会跑去捡别人炸剩的小鞭炮，齐小云拿着风筝在前面跑，他就将鞭炮点燃扔进她的帽子里，“啪”的一声，总会吓得她一个踉跄。

“乔良，你是坏人。”每次齐小云都呜呜哭着骂乔良，他怕她告状，只得拿棒棒糖哄她。

“喏，给你，你别哭啦，我又没打你。”他有点不耐烦地说。

齐小云哭着去接棒棒糖，他赶忙缩回手，走上前，“先擦掉眼泪，不准哭，哼。”

于是齐小云就用手背匆匆擦掉眼泪，拿过糖笑得一脸灿烂。

他们就在胡同里跑呀跑，追呀追，一不小心时间就悄悄溜走了。那些属于他们芳草鲜美、其乐无穷的童年，转瞬间就成了难以企及的过往。

乔良十五岁时，齐小云十三岁，他初三，她初一。他把毕业留言簿递给她：“你也给我写张呗。”

细碎的阳光溜过她的发梢，他第一次注意到，原来她的头发那样顺，扎着的马尾为她增添了些俏皮的气息。他的视线缓缓下移，下一秒，彻底红了脸。

“给你外套围上。”他慌忙脱下自己的校服，露出白色T恤。

“干吗？这么热，我才不要。”齐小云停下手里的笔。

该死，要他怎么说？自己生理期都不知道，哪儿有这么笨的女孩儿。他很是懊恼，“你那个来了。”声音小如蚊虫。

“哪个？”齐小云扭头，认真地看着他。

乔良真是觉得快要疯了，干脆上前一步，亲自将衣服系在她腰间。然后尴尬地转身推着自行车往前走，步子不快不慢。

齐小云瞬间明白过来，她记得班里有女孩子来月经不小心弄脏裤子，也是这样围在腰间的。她觉得窘迫极了，低头看看同学录，“乔良，同学录。”

“明天给我吧。”他头也不回地大声回答她。

翌日清晨，齐小云才感觉肚子有微微的疼痛。她也没怎么注意，正开自行车锁的时候，乔良下楼，“别开啦，今天我带你。”

“那中午怎么办？”齐小云羞红了双脸。

“笨，我带你啊，还能怎么办？”对话间，他没看她一眼。

一路上两人突然不知道该说什么好，想好的那些话，比如谢谢你，你真好，乔良你才笨……在车停脚落地的瞬间，全都像长了翅膀一样，飞得无影无踪。

金黄的银杏叶落在校园里，铺成一条长长的黄色过道，乔良走在上面，白色的外套与地面的金黄搭配起来，异常好看。

“乔良，同学录。”齐小云冲着他的背影喊。

听到她的声音，于是他又折了回去。齐小云递给她，转身就走，她回头望着他笑，那笑容就像刚割过的青草，纯净而清新。乔良的心跳，突然加速起来。

乔良小心翼翼地打开同学录，她娟秀的字迹便呈现在眼前，他一字一句看过去，最后那句祝福后有着一个可爱的简笔画笑脸，下面批注一行小字：乔良，谢谢你！

乔良十八岁时，齐小云十六岁。临近高考，他忙得不可开交，中午放学，在做完最后一道数学题时，突然想起很久没有跟她一起走路了，于是他急匆匆跑下楼。

自行车棚里除了自己的车子，其余的都没有了。他抬起左手，看了看手表，已经十二点半了，她应该早就到家了吧，他脸上的笑意慢慢变浅，最后消失。

“啪”的一声，背后被什么东西拍了一下。乔良转身，一回头就看见笑脸盈盈的齐小云。心底的某个地方，空落的洞瞬间合拢。

“你怎么还不走？”乔良佯装一脸淡定地问。

“等你啊，搭顺风车。”她笑着上前，鼻翼两侧不知何时生出少许雀斑，像是百合花瓣里藏着的俏皮褐色点点，羞答答地立在上面。

乔良载着他，小心翼翼地踩着踏板，他知道她又是“好朋友”光顾。这么多年来，只要这样，她便选择步行回家。那前几次，她真的就是走回去的吗？想到这里，他的心就像被谁拧了一下，难受极了。

“乔良，车……”齐小云在身后惊恐地喊。

想躲已经来不及，“嘭”的一声，自行车撞上了迎面的一辆大卡车，乔良倒下去的那一刻，用手狠推了她一把，齐小云一下子滚出了好远。

齐小云醒来的时候，乔良还在昏迷中，回想起那可怕的一幕，她不禁打了个寒战。因为他用力一推，她只是受了点轻伤。她走进乔良的病房，阿姨的眼睛早已哭得通红。她坐在病床前，一直等，一直轻声喊他的名字。

窗帘在秋风中不停地拍打，秋天的风最凄凉，好似可以掠夺人的心，一切都变得空落落的。毫无生气，就像是蒙着一层浓雾。

时间的指针在“嘀嗒、嘀嗒”转个不停。乔良感觉强烈的阳光刺得眼生疼，缓缓睁开眼。

“我梦见你在喊我。”这是乔良醒来时说的第一句话。

齐小云哭着喊来乔妈妈，“阿姨，乔良醒了，真的醒过来了。”

乔良就是在那时，在齐小云喜极而泣的眼神中，忽然明白，自己就是喜欢她的。难怪彼此之间有一种说不清道不明的关系，不管是他于她、她于他，都是彼此唯一的存在。

齐小云高考成绩出来的时候，全家都开心了好久。最开心的还是乔良，她终于考上他所在的大学。

齐小云拖着重重的行李箱，跟着火车一路往南，走出车站，一眼就看见人群里站着的乔良。彼此对视着，昔日的默契仍在，她上前一步，立在他眼前。两年不见，她长高了不少，一头秀发披散下来，眼神清亮，温暖而美丽。

“你腿没事吧？累不累？”齐小云款步上前挽着他的胳膊。

眼前的齐小云早已从“黑兔子”蜕变成亭亭玉立的大姑娘，笑起来再也看不见那两颗丑陋的大门牙。乔良望着她，幸福满满，有点失神。

“乔良？”她轻声喊他。

“没事儿，这么多年，都习惯了，再说了，这假肢挺好用。”他揉揉她的脑袋。

“乔良，对不起，要不是因为……”齐小云缓缓开口。

“再说不给你吃棒棒糖了。”他轻轻刮下她的鼻子，假装威胁道。

“乔良？”她轻声喊。

“嗯。”他答。

“乔良。”

“我在。”

“乔良。”

终于他忍不住侧身俯首看她，她踮起脚尖，一个吻结结实实落在他唇上。

舀出时光里的记忆，轻轻一嗅，还能闻到狗尾巴草的味道，悠悠清香。空气里似乎弥漫着甜甜的气息，就像他们爱情的味道。

世界还都那么小，让我们单纯好不好

谁不曾年少，情愫悄生，心藏一个喜欢的人。那时候，全部的愿望加起来也只求和他好好在一起，牵一牵手仿佛真的就能到白头。

除了年纪，其他都对，可偏偏就错在了这时间。在成年人的世界里，继续着孩子的游戏，被迫长大显得那么自然。

很多年以后，林嘉再想起冯元的时候，只记得当时的安心与温暖，而关于他的脸却再也无从想起。就好像隔着一层浓雾，印象里连轮廓的影子都寻不见。

2003 年“非典”闹得很厉害，河北的学校全都停止上课。老师布置好每天自学的内容，根据就近原则把学生安排好小组后，学校的大门直到林嘉毕业都没打开。

那个时候，他们不过是十二岁的六年级小孩子，脑子里除了玩还是玩。因为小升初对大部分孩子其实并没有什么压力，无论考得好与不好，最后都能进入离家最近的学校。

但是，林嘉是个例外。她有一个年近五旬的母亲和一个三岁的弟弟，老来得子带给这个家庭欢笑和希望，然而因为父亲意外去世，林嘉成了母亲的负担。那三年，母亲迅速衰老，林嘉看在眼里，记在心里，心疼不已。

每天放学是林嘉最期待的时刻，她有大把的时间去垃圾堆捡废弃的瓶子、纸板、衣服、笔、本子……凡是能卖钱和再利用的，她一件也不放过。于是，每个黄昏，垃圾堆里总有一个小小的身影。

第二天天不亮就起来写作业，然后为母亲做好饭便去上学，林嘉习惯了三年的生活突然间被"非典"搞得一团乱。所以当冯元那通电话打进家里时，望着母亲失望的眼神，林嘉打心底讨厌冯元。

"你翅膀硬了是吧？还学会旷课了？跪外面去写保证书去。"母亲气红了双眼，命令道。

林嘉放下碗筷，拿出本子和笔，低着头走了出去。她跪在地上不敢抬头，没有哭，想了好久都不知道从何写起，最后迅速在那个早已用完的本子封面写下“我没有错”几个字便一溜烟儿跑了。

那天林嘉回来更晚，她蹑手蹑脚地推开破旧的木门，咯吱一声，屋里黑漆漆的，想来母亲该是睡了。林嘉心里松了口气，右脚刚越过门槛，母亲的呵斥声就响了起来，“你这个不争气的死女娃子，是要把我气死吗？”母亲说完就呜呜哭了起来。

这夜太安静，母亲的哭泣声回荡在整个房间。林嘉感觉胸口被什么东西堵着，她想跟母亲道歉，可是喉咙像是被谁掐住般，无法开口。于是她急得额头冒汗，努力向母亲走去，刚抬起脚就重重地摔倒在地。

醒来的时候，冯元正在递给母亲一个本子，林嘉尽收眼底。等母亲送走冯元，她又闭上双眼装睡。母亲轻轻进屋，额头对额头，嘴里呢喃着：“烧终于退下来了。”

趁着母亲去生火做饭，林嘉赶紧爬下床，翻开冯元送来的本子，密密麻麻都是重点难点题，林嘉的心里突然“咯噔”一下，心跳漏了半拍。

林嘉调整了时间，每天晚上准时去冯元家里上课，回到家等母亲睡了便去捡破烂。虽然大大缩短了时间，但由于“非典”，林嘉的收入却比平时多出两倍。她数着盒子里越来越多的钱，开心地笑了。

小组里除了冯元，没有人搭理林嘉。她倒也不在乎，反正她也不喜欢他们，每天只知道比谁穿得好、谁家里有钱。不是因为嫉妒，而是因为自卑，每当大家叽叽喳喳说个不停的时候，林嘉只会尽量压低脑袋写作业。

冯元第一次撞见林嘉捡破烂，是在六月的最后一个晚上，他抄近路给朋友送篮球，刚翻上墙就看见了垃圾堆里小小的身影。由于赶时间，他也没多加留意，没想到返回之时，竟与她撞个正着。

“是你？”冯元看着双手紧攥编织袋的林嘉惊讶不已。

林嘉冷漠地看了他一眼，头也不回地拖着编织袋就往前走。冯元愣了足足半分钟，才反应过来应该帮忙。

冯元匆忙赶上来，夺过林嘉手里的编织袋，“我来。”

这回发愣的人换成林嘉。他说“我来”，不是“我帮你”，也不是“我跟你一起抬”，而是简单一句“我来”，这句话对林嘉而言是挽救尊严的稻草。她一直以为，他不过是那些爱慕虚荣同学里的一个。

隔天，林嘉以为冯元会对同学们说起这个事，但他没有，而是把最新的笔记递给她。林嘉看着本子，又看看他，没接。

晚上冯元早早等在了垃圾场，二话没说踏进垃圾堆，他不知道什么值钱，只能硬着头皮只捡塑料瓶子。所以当林嘉看见身陷垃圾堆里的冯元时，红了眼眶，她轻声喊：“冯元。”这是他们同学六年，她第一次叫他名字。

冯元回过身，一脸傻笑，林嘉看见他那副傻样也忍不住笑了。于是在满是星星的夜里，有两个小小的身影始终忙碌着。

“冯元，你傻啊，毛线鞋子卖不出去。”

“笨死了，不锈钢可是最值钱的。”

……

末了，冯元掏出那个本子递给林嘉，林嘉望着他清澈的眼神，由衷地说了句“谢谢”。她从来没有这样开心过，她想，有冯元在，真好。这一夜，她睡得无比安稳。

期末考试前的最后一个晚上，林嘉从卖废品得来的钱里抽出一块钱买了支中性笔送给冯元，真彩的，他的最爱。

然而考试并没有如期而来，校长说开学直接入学考试，这一消息瞬间在同学间炸开了锅。林嘉当然不开心，她失去了选择一中的权利。

冯元还是会准时出现，从未迟到过。只是林嘉总是容易走神，常常把没用的拿在手里，有用的扔掉。

“你没事吧？”冯元看着魂不守舍的林嘉问。这已经是她第十二次分错类了。

林嘉兀自沉思着，并没有听见冯元的问话。

“你怎么了？”冯元上前一步，用胳膊肘轻轻撞了撞她胳膊。

“没、没什么。”林嘉慌乱地继续捡废品。

“其实一中跟二中没什么差别，你那么努力，就算不去一中你也能考个好的高中。”冯元说完这句话就后悔了，这不是明摆着告诉她，他悄悄看过她的志愿。

“那是对你来说一样，对我来说不是。”林嘉几乎是吼着说出的这句话。

那晚，冯元才知晓，她这三年过得多么不容易。如果不能以第一名进入一中，对这个家来说，她的借读费几乎就成了天文数字。

整个暑假，冯元都陪在她身边。他知道也许以后的课堂上再也看不见这个倔强的女孩儿了。他什么也不能做，眼看着开学的日子一天比一天近，他只能在垃圾堆里多待一会儿，再多待一会儿，仿佛这样就能替她分担不少。

八月中旬的一天，林嘉没有如期而至，一个小时过去了，两个小时过去了，直到超过平时回家半个小时，林嘉也没出现。夜太黑，没有星星，冯元差点就跌进了路边的蓄水渠里。

第二天刚亮，冯元就拨通了林嘉家的电话，接电话的是她母亲，“她发烧了……”

没等林妈妈说完，冯元就跑出了家门，妈妈那句“还没吃饭，你去哪儿？”被远远抛在了身后。

冯元边跑边自责，都怪自己昨天没带伞，都怪自己不看天气预报……可别跟上次一样昏迷几天，可别出什么事……

等冯元气喘吁吁跑到林嘉家门口，看见林嘉倚着门坐着喂弟弟吃饭时，竟忘了上前打招呼。

林嘉起身，一抬头，迎着光就看见了冯元。林嘉笑了，冯元看见林嘉笑也习惯性地笑了。

在灿烂的夕阳下，那金灿灿的光一直延伸到天尽头，好似一个未完的梦。冯元说：“林嘉，等我大学毕业就娶你，我们结婚，那时候就可以在一起，一直在一起。”

林嘉笑了，笑得很开心，然后郑重其事地点了点头。

看，婚姻的本义，我们小时候就懂得的，却在长大后多了很多附加条件。原本就是让两个人好好在一起，后来多了谨慎、多了算计、多了比较……

如你所想，他们最后回到了成年人操纵的世界。随着成长，慢慢学会了择偶，学会了如何爱得不受伤害。

所以，林嘉在很多年后望着满天星光的时候，唯一想到的也只有冯元，那时牵着彼此的手，仿佛看到了永久。那爱里没有任何杂质，那般纯净，就像雨后的茉莉，久久弥留于心。

当世界还都那么小，让我们单纯好不好？

初恋是时光打的蝴蝶结

细小的蜡梅缀在黑压压的树枝上，正午的阳光暖暖地抚着发丝，风像蝴蝶一样落在肩头，和围巾一起蹁跹。

宋清元嘴角含笑，低声细语："我们以后的家要安在花木村，有这样一棵蜡梅树，冬天的时候我们一同赏雪，雪落后我们便去看沉睡的蜡梅，一定跟蝴蝶一样，美丽极了。"

他的声音无比温柔，没了往日的暴躁与厌烦。

"还要两个长长的木椅，摆在大门口，没事儿的时候晒晒太阳，说说话。"夏铭慢悠悠地补充道。这一刻，他在她心里比冬日的阳光还温暖。

"清元？"她喊。

没有人应，夏铭的四周突然一片黑暗，她想起身，可是却寻不见方向，她惊恐地喊宋清元的名字，一遍又一遍。突然一个踉跄，她重重地摔在地上。她只觉得脑袋里一片茫然，什么也想不清楚，眼泪顺着脸颊滑落。

“清元……清元……”她终于哭出声来。

夏铭猛地睁开眼睛，就像过去的无数个冰冷的夜晚，这只是一个梦。

她按开床头灯，窗外树叶被风吹得“哗哗”响，夜色并不深，月亮是清浅的颜色。她打开手机，上面显示凌晨三点。注定又是一个失眠的夜，她起身走进洗手间，洗了把冷水脸，真冷啊，她忍不住哆嗦了一下。

夏铭躺在床上，不想被无边的小情绪包围。她点开久不登录的QQ，显示屏上右下角的红色提醒她有新的动态，她用食指轻轻点开。

一张机票照闯进眼中，下面批注一行小字：下周回国。

没错，宋清元是她的特别关注，那该是很久很久以前设置的吧，她不记得具体时间。那时他们还开通了情侣空间，在小屋里养了一只叫大黑的宠物狗。他总会给她私密留言，每次都看得她满心欢喜，却因为害羞不曾回复过。

六月的周末，天阴地热，栀子花香溢满校园。夏铭折回学校拿家门钥匙，在拐角被快速冲来的宋清元撞了个满怀，鼻子还不争气地血流不止。

夏铭把包放在闺蜜处，全身都没寻到纸巾，宋清元这个大大咧咧的男生自然也没带纸，无奈夏铭只得捏着鼻子、仰着头以此来缓解流血。

那天的最后，宋清元跑到校外小商店买来纸巾却因此错过了回家的大巴车，夏铭也很不凑巧地遇上宿舍大门关闭。两个人在街上百无聊赖地走，逛来逛去，很是尴尬。

许久之后，夏铭鼻子里塞着两团白花花的纸巾，仰着头问："你高几的？"

宋清元看着眼前的少女，想笑却不敢笑，压抑着说："我不是你们学校的，高考考场在这里。"

夏铭拔出鼻子里的白纸团顺手扔进垃圾桶，再从兜里抽出一张纸巾，擦了擦残留的鼻血，"我说看你怎么这么眼生。"她顿了顿，似是想起了什么，"我叫夏铭，夏商周的夏，不是明清的明，是铭记的铭。"

"我是宋清元，照你的解释，你该很容易知道是哪几个字。"他微笑着回应。

宋清元的微笑很迷人，那双晶亮的眼睛就像雨后的露水，纯纯的，不带一丝杂质。夏铭认为自己并未犯花痴，却在他的笑容里乱了阵脚，忍不住低下了头。

这是他们的初遇，以奇葩的方式碰面。更意外的是，夏铭竟然临走前要到了宋清元的QQ号码，过程毫不费力。

夏铭飞也似的跑到闺蜜家，拉着闺蜜就开始滔滔不绝，最后在闺蜜一脸的惊讶中打开她偷拍的照片，一脸得意的坏笑。

“去你的，你这拍照技术烂到稀泥巴里了。”闺蜜指着手机，一脸鄙视，“你自己看看，这也虚得太狠了吧！”

“你才虚。”夏铭一脑子坏水，说完赶紧跑进了洗手间。

“夏铭，你给老娘滚回来。”闺蜜在身后怒吼。

晚上两个小姑娘躲在被窝里，悄悄打开手机，进入宋清元的空间，翻开相册，一张张看过去，口水稀里哗啦差点流了一地。

“哇，宝贝儿你走狗屎运了吧，竟然撞到了个大帅哥，嘿嘿。”闺蜜一脸贼笑。

“屁嘞，明明是他撞的我，是他的荣幸。”夏铭在黑暗中翻个白眼。

“快问他睡了没？到哪儿啦？今天没事儿吧？”闺蜜抱着

她的胳膊催促。

夏铭照着闺蜜的话一一发过去，发到最后，感觉哪里似乎不对劲。十秒钟后，她扒拉开闺蜜死缠的手，鄙夷地望着她："他今天能有什么事儿？受伤的是我，你这个二货。"

那个夜晚出奇地明亮而未坠入深沉的黑暗，晚风懒洋洋地在窗外游荡，两个姑娘在兴奋中沉沉入睡，一夜无梦。

夏铭没谈过恋爱，再加上一向大大咧咧惯了，所以根本不懂得揣测人心。她只是全情付出，只想知道他的一切，而关于她为何这般异样，她打死不承认自己是对宋清元一见钟情。

夏铭将宋清元设置为特别关注，从此多了一门必备功课，每天逛几十遍他的空间。闺蜜起初以为她只是花痴，不想两个月后，她竟然还一如既往，便知道她用了真心。

"小夏，你们才见过一面，你根本不了解他。"闺蜜好心提醒道。

"不了解可以慢慢了解呀，我们不是还年轻吗？"她一脸不正经地回答。

"喂，你别花痴了，以我过来人看，你们不合适。"闺蜜认真地说。

“哪里不合适了？再说了，什么样的才算合适？”夏铭举举手机，在闺蜜眼前晃了晃，“你看，我们有那么多话说，有那么多共同语言，怎么就不合适了？”

闺蜜完全无语，知道再劝说也没有用，她现在智商低到零，哪里会想那么多。街上人来人往，夏铭挽着闺蜜的胳膊低着头忙着回宋清元的QQ信息，根本没注意已经到了大马路。

夏铭头也不抬地往前走，闺蜜使劲拉她一把，有点无语：“红灯呢，别聊了行不行？”

夏铭不是心思细密的人，听不懂闺蜜言语中的无奈之意。她抬起头，尴尬地笑笑，这才将手机放回兜儿里。

寒假，宋清元告诉了她回家的日期，夏铭铭记于心，翻开手机日历，才发现那天她还要上课。她快速地打出几个字：“我来接你！”

宋清元也许是被震惊了，很久之后才回：“不用了，我出站直接打的回家，再说了，天这么冷……”

“我不怕冷。”她急切地发出信息。

而后便是长久的等待，夏铭一天看几十遍手机，依旧没有他的消息。她有点蔫儿，饭都不想吃，整节课整节课的走神。

“夏铭，你来回答这道题。”她的思绪被数学老师的声音从遥远的地方拉了回来。

她慌张着起身，根本不知道老师讲到何处，只能硬着头皮回答：“我不会。”

“你还知道你不会？全班这道题就你错了，你知不知道？还不认真听讲？”老师愤怒地忍不住提高了嗓门，全班同学的目光齐刷刷地看过来，夏铭一时囧到了极点。

这样的坏情绪不过只存在一堂课，便消失得无影无踪，夏铭依旧死性不改地上课偷偷看手机，可是，宋清元始终没有给她回消息。她不敢多问，怕他烦自己，转念一想，既然没拒绝，应该算默许了吧。这样一想，她反倒“扑哧”一声笑了出来。

“夏铭，有什么开心事儿，上讲台来讲讲。”语文老师一脸严肃地看着她。

又是齐刷刷的目光。夏铭真想找个地缝钻进去，太丢人了，有生以来第一次啊，她懊恼地想。

“见到他，就表白吧，我可不想天天看你这样。”闺蜜看着她的眼睛，认真地说。

表白？她还没想好要去表白，也不会表白。可是，再这样走神下去，也不是个事儿啊。表不表白？这个问题直到宋清元回来的前一晚，她才下定决心，豁出去了，说了又不会死，她安慰自己。

夏铭第一次翘课早早等候在火车站出口处，突然心里有说不出的紧张，她将早就准备好的台词又在心底默念了几遍。时而抬头望向出口，终于，在人群中看见了他，她欣喜地上前。

不料一个身影先她一步上前，穿着白色毛呢大衣的女孩儿很自然挽过他的胳膊，一脸温柔，在他身旁轻言轻语。他低头，望着女孩儿微笑，这笑容比半年前更好看，可夏铭的心，却出奇地难受。

那些想好的话，被寒风吹成破碎的灰尘，飘在阴暗的天空。

她悄悄躲进旁边的德克士，直到天黑，才落寞地慢慢往回走。

就这样，她的暗恋被扼杀在萌芽状态。回家后，她变了个人似的，关掉手机，抠去电池，一心扑进题海。

高三下学期是真的忙，忙到她没时间再想起他，忙到她做完试卷就只想大睡一觉。

六月不约而至，夏铭跟其他准毕业生一样硬生生被推进考场。时间一分一秒流逝，每个考生都拼尽全力，在这个人生的转折点上用力冲刺。

高考结束，夏铭才想起很久没跟宋清元联系，她打开手机，登上 QQ，给他发消息："快放假了吧？"

"还有十一天。"不一会儿手机便震动起来。

沉默，很长时间的沉默，像是被吸得仅剩一点牛奶的长方体盒子，再怎么努力吸着吸管，总是吸不出想喝的酸奶。

"你有女朋友？"这半年夏铭虽然安静不少，却依旧有话直说。

"对，我记得上次你说来接我，我就回复说我女朋友会来接我的。"那边也毫不避讳地回答。

原来，他早已开口说出真相，是网络不好让她没接收到那条至关重要的消息。他明明给了她退路，她却一厢情愿直冲而去，忽明忽暗的心事、兜兜转转的情绪终于要被压入心底。

那句"我喜欢你"，夏铭最终也没有说出口。她回复他一个微笑的表情，心里却空落落的。她心知余生大概再也没有相见的理由，也再也没有机会。

即使这样，夏铭还是考取了宋清元所在的大学，并不为继续追寻，只是想看看她喜欢的他所在的城市到底如何，享受下南方的天然氧吧。

入秋之后是连绵的阴雨天，整个城市湿漉漉、阴冷冷的，阳光与人们玩起了捉迷藏，始终不愿露面。

军训最后一天，感冒的夏铭在整齐的方队中晕倒，教练喊来男同学帮忙送她进了医务室。她醒来的时候身边空无一人，没过一会儿又开始觉得困，一闭眼困意就像生了翅膀朝她飞来，赶都赶不走。她索性闭了眼，不再做无谓的挣扎。

睡梦中隐约听见有人讲话，夏铭动了动睫毛，艰难睁眼，便看见宋清元就坐在病床对面的座椅上，身旁坐着正在输液的漂亮女孩儿，只是这一次女孩儿穿着荷叶边的白上衣。

宋清元将视线移到夏铭的方向，她下意识地闭上了双眼。她清晰地听见细微的脚步声，越来越远，最后停在门外，“医生，这边输好了。”

夏铭听见这话，打心眼里羡慕对面那个姑娘。真好，她在心底说，但脸上却莫名浮上悲凉之色。

不过十秒，她便感觉有人抬起了她的右手，取下针头，有一丝疼，这疼却很快被另一只手的覆盖而驱散。夏铭悄悄眯眼，宋清元的脸就赫然入目。她的心跳不自觉地加速起来，睡意全无。

指腹传来的温暖让她忍不住收了收藏在被子里的左手，她的确惊讶，更是惊喜。她想喊他的名字，想跟他说谢谢，可是，就在她欲开口之时，他却松开了她的右手，放进被子后轻轻为她掂了掂被角。

夏铭终于敢睁开双眼，可整个病房又陷入无边的安静，她甚至能清楚地听见自己的呼吸声。也不知过了多久，她才想起来该离开，起身，身体不似之前那般难受。她轻轻下床穿好鞋子，跟医生道谢并打算付钱。

“刚刚那位男同学已经替你付了，可惜你在休息，没看见他。”医生是个四十岁左右的叔叔，说起话来很和蔼。

她缓缓走出医务室，暖意从脚心一点点蔓延至胸口。她嘴角上扬，潜藏在心底许久的小鹿，突然活跃起来。

夏铭刚走出医务室不久，宋清元就折了回来，跟医生打听才得知她的去向。等他提着盒饭赶上她时，早已满头大汗。

“怎么一个人就走了？”他气喘吁吁在她身后喊。

“……”她一时语塞。本来他这句话也奇怪，送她进医务室的人早就离开，她不一个人走还能怎样？

“嗨，看我这记性，我忘了跟医生说叫你等我。”他一拍脑门嘿嘿笑了。

“看来这便当也不需要了。”他说着就要往垃圾桶走去。

夏铭看他手里提的两份便当，快步上前，夺了过来，“没事儿，我喜欢吃便当。”

那天的最后，他们坐在室内体育场楼道的角落，笑着吃掉早已凉掉的盒饭。所有漫长、灰暗的时光，会因为与梦中人于现实中相遇而变得温暖明亮起来。未来会是怎样呢？夏铭不愿去想，她只想陪着他，即使是以朋友的身份。

人与人的关系就是这般微妙，你以为再也不会相遇，却无意间拉近了彼此的距离。于是，岁月静好，安暖相伴。

真正的变故发生在一年后的愚人节之夜。早上宋清元收到女友的分手短信，不以为然地笑笑并没有回复消息，经过一天的忙碌他也忘了这件事，毕竟是愚人节，他想她不过是在捉弄他。下晚自习后，他走出嘈杂的教室，给她打电话，没接，一直到第九个，对方依然没接，再打过去那边竟然直接关了机。

宋清元冲到她的宿舍楼下，喊她的名字，时间一分一秒地过去，没有人应，更没有人出现。所以当夏铭和舍友勾肩搭背进宿舍大门时，一眼就看见了落寞的宋清元。

“宋清元。”她打发掉朋友，轻声喊道。

他似没听见般，倔强地看着女孩儿寝室的方向。夏铭上前在他眼前挥挥手，他的视线慢慢聚焦，落在她的脸上，努力笑得自然。

夏铭不知为何，强烈地感觉到他的难过，她丢了魂一样跟在他身后。许久之后，他终于转身，“夏铭，这世界上根本没有童话般的爱情，全部都是屁话。”这话说得有多用力，他的心就有多失落。

此后的很长一段时间，夏铭都悄悄跟在他的身后。她看着他一次又一次被女孩儿拒之门外，看着他逐渐瘦弱，看着他一天天消沉。

六月的风依旧温柔，可宋清元的头发开始大把大把地掉，起初他并没在意，后来越掉越厉害。他看着镜子里的自己，很是烦躁。

开学夏铭升入大三，渐渐忙碌起来。那天考完科三，回学校时已经深夜，她为了在宿舍关门前赶回去，挑了小道返回。被月光映得明亮的小道上，偶尔有一团影子从身边擦肩而过，看不见路的尽头。突然一阵喧哗在这安静的夜里响起，而后伴随着一声闷哼，夏铭本不是爱凑热闹的人，临近声源处，几个痞子早已离去，她透过行道树缝隙匆匆一瞥，便清楚地看见倒地的宋清元。

夏铭慌乱上前，扶起他，他烂醉如泥，全部重量压向她，她差点倒地，歪歪倒倒扶他一步步往前走。天空开始刮起极缓慢的风，像是要陪着他们一起走。

隔天宋清元醒来，脑袋还有些疼痛，他起身看着陌生的宾馆。刚走到门口，夏铭便推门而入。

“你醒了啊？好点了吗？”她一脸惊喜。

“嗯，谢谢你。”他依旧客气地回答。

“就当还你两年前的救命之恩啊。”她试着缓解气氛。

“哪儿有那么夸张？”他果真被她夸张的表情逗笑了，只是这笑很短，短到夏铭都还没来得及看。

也许十月好天气到来了，让人几乎忘记那铅云密布的日子。夏铭打开便当，递给宋清元，就像那次夺过他手里的饭盒一样，一脸灿烂而坚定。

此后夏铭像个无理的孩子一样死死牵着他的手，她不知道自己哪儿来的勇气，也未想过他竟然没有拒绝。那段日子，她喜欢上了星星，每晚拉着他走上学校的天台，有时甚至整晚待在上面。她偶尔会犯困，而后枕在他的腿上小憩。

夏铭心里清楚他并不爱自己，他总是趁她睡着偷偷翻看手机里的相册，她曾无意看到过那个相册，里面满满的全是女孩儿的笑脸。可是她一句话也没说，假装什么也不知道，安静地待在他身边。她想，总有一天，他会忘记那个女孩儿，她愿等。

可是她记住了终点，却忘记了直通终点的方向。兜兜转转总会有些意外，而且还很突然。

跨年之夜，宋清元又一次喝得烂醉，在学校里跟人起了冲突。在剧痛袭来的那一刻，他下意识地护住了脑袋，可是还是被人揪了头发，露出难看的光头。

异样的眼光就跟惨白的月光一样，让他无处可逃。夏铭接到在场好心同学的电话，匆匆赶去，拨开拥挤的人群，扶着他逃离现场。

那是一个月光失血过多的晚上，烟花燃放的声音出奇地响，像是要震聋人们的双耳。那晚夏铭才知道宋清元患有急性脂溢性脱发，她的手被他抓得太紧，生疼。

宋清元实习的时候，夏铭搬到了校外与他同住。她总是小心翼翼地说话，早早备好餐物，宋清元也跟换了一个人般，删掉女孩儿的照片，全心全意对她好。夏铭枕在他的臂弯里，看着他好看的脸，满心温暖。

但，无论多亲密，甚至连欢愉过后，他都不让她触碰他的脑袋。她曾附在他耳边说不介意，可当她的手伸向他时，他会变得很愤怒。

这样的日子并未持续多久，便迎来了风暴。那天深夜他应酬晚归，她窝在沙发里看电视，等着等着便沉沉睡去。他回家，看到那样的她，心生疼痛，打横抱起她走向卧室，她被他身上刺鼻的香水味弄醒。

她捂着鼻子从他怀里跳下来，“怎么会有女人的香水味？”

夏铭年纪渐长，可情商却始终很低。她这句话在他听来，明显带有怀疑之意，他平静的脸忽生怒气，“你就这么不相信我？”

“你发这么大脾气难道不是因为心里有鬼？”夏铭被他这一激，反倒嘴硬起来。

“你们女人都一样，神经病，你跟她没什么区别。”他转身往外走。

“是我一直陪着你，凭什么拿我跟她比？”夏铭听见他提她，顿时恼羞成怒。

“所以你才一直提醒我，是你接纳我，可怜我？”这次宋清元彻底爆发了。

夏铭还不够坚决，内心不够强大，复杂的情绪奔涌而来，明明不是他所说的那样，她却歇斯底里地说了句“是”。

所有的温暖和心酸都被贴上了“过往”的标签。她主动冲上去的，想要得到的，转眼间消失得了无踪迹。

她曾经那么笃定，只要她坚持，只要他愿意，就会拥有永远。

宋清元就这样消失了，在那个北风凛冽的深夜。他和她，都不是那么坚决的人，也许很爱很爱，但也只是很爱很爱。

大学毕业，夏铭开始无止境地加班。她还是会想起宋清元，想起那些有星星的晚上，想起温暖的怀抱，尤其是在热闹的人群里一个人走着的时候，听着悲伤的情歌，总感觉一扭头，他还在。

她决定去当年与他合租的小房子看看，算是对她初恋的怀念。她穿过长长的街道，走到房前，门上重新贴了对联，应该是有人租住了。她呆立在门口，仿佛看见宋清元在对她微笑，她嘴角上扬。

下一刻，门“咯吱”一声被打开，夏铭想躲已经来不及，但撞见对方的目光，只觉得恍惚。

“你……回来了？”宋清元说出这句话便后悔了。毕竟他们三年没联系了。

“你不是说下周回国吗？”时隔三年，她说话柔软了许多。

“临时改签。”他顿了顿，艰难地开口，“我以为你不会再回来，以为你真的只是替代品，时间告诉我，原来在我心里你一直都是唯一的存在。对不起，我花了三年才有勇气说出来……”

夏铭的眼泪一滴一滴往下落，她努力笑得自然，上前一步，紧紧拥住他，将所有的想念化成一个拥抱。

夜晚的星星像是赶着出来凑热闹，她已经很久没有抬头看天、看星空。她依偎在他怀里，仰头微笑，重新爱上星空，爱上笑的感觉。

初恋是时光打的蝴蝶结，即使带有疙瘩，终是美丽的风景。

最酷不过嫁给你

时隔多年，重温往事，沐阳的身份从懵懂的少女变成给爱人做饭的小妻子。如此生活，温馨安心。

沐阳第一次知道香青菜，是在见吴祥的那个中午。十五岁的少女沐阳，温婉能干，因大舅家来了客人，大舅顺带叫上沐阳全家人吃饭。沐阳钻进厨房帮大舅妈洗菜，看到绿得发亮的叶子菜时，侧头问才知那便是香青菜。

“相亲菜？”沐阳不解地问大舅妈。

表姐推门而入，看见沐阳手里鲜嫩的叶子，“我妈可不知道是哪几个字，她不识字，你又不是不知道。”

沐阳调皮地吐吐舌头便不再多言，她将菜叶浸进水中，整个菜池如炸开般，柔软鲜亮的绿叶占据了这小小的地带。

她捞起它们，指尖轻触，柔嫩之感赫然传来。

端菜上桌，表姐用胳膊肘轻轻撞了撞她：“那是吴祥，我男朋友，怎么样？”

沐阳远远望去，男生算不得怎么帅气，穿着也算不上有档次，脑后的头发应是用水按压后才那样要翘不翘、要顺不顺。然而，沐阳看见那样安静的他，莫名地不反感、不讨厌。

“唔，”沐阳应道，“对你可好？”

“你猜？”表姐兴味盎然地卖关子。

“才不要猜，我自己看。”沐阳丢下这句话就钻进厨房继续忙碌。

饭后是闲聊时刻。沐阳打开手机，百度过才知晓那菜叫香青菜，而非相亲菜。她笑着摇摇头，对那浓郁香味还流连于口。

有的人初次见面就一见如故。也许在某一天某个城市的某个角落，彼此遇见，而后那些不想对旁人说的话也愿坦诚相告，那些不愿做的事也愿尽心而为。究其原因，却不知为何，只知因为是你，所以愿意。

沐阳对吴祥就如这般，她觉得他就像香青菜，品质柔嫩、风味独特。只一眼便不能忘怀，近一点更不愿离开。

那个时候吴祥和表姐还很恩爱，每逢暑假他总会出现在表姐家里。沐阳踩着夏天的尾巴，跟在他们身后。他偶尔回头，轻声喊：“沐沐，你得快点咯，要不你姐被我拐跑了。”

“姐才不会被你拐跑，她是我一个人的。”她鼓起腮帮子佯装生气。

表姐就跟吃了蜜一样，得意地拉过沐阳的手，三人步伐一致，穿过江北八路那条长长的街，然后在那一首首情歌里留下放肆的笑声。

“沐沐，你姐最近有没有少穿衣服？”

“沐沐，你姐最近没生病吧？”

“沐沐，来悄悄告诉我，你姐最近有没有不乖？”

……

沐阳笑着回复他的短信，末了不忘打趣他：“你比大舅妈还啰嗦呢，吴婆婆。”

“那还不是因为我一给她打电话，她都说挺好的，从来不告诉我不好的……”

“你这是在咒我姐不好呗，我要去告状，哼哼。”

“别别别，我错了，等我暑假来教你溜冰，行不？”

“成交，我帮你盯着点。”她笑着回。

高考结束，吴祥如约而至。沐阳听到电话铃声时，正在收拾废弃的书籍，看见他的名字，她拍了拍手心的灰，拿起手机，那边便传来急切的声音：“沐沐，你帮我劝劝你姐吧，就一次，最后一次见面。”

沐阳完全没反应过来，前两个月不还好好的吗？

沐阳匆忙换鞋出门，跑进表姐家门口，着急地按门铃。她不知道为什么那么紧张，她唯一想的就是他们重归于好就好，她也没想好该怎么说服表姐，甚至该怎么开口都还不知道。

门开了，沐阳慌忙开口：“姐……”

后面的话还未出口，大舅就摸了摸她的脑袋：“怎么啦？这么着急？”

沐阳慌张地调整好情绪，笑着说了句没什么就换上拖鞋进屋，绕过隔断一眼便看见沙发上的陌生男人。

得知陌生男人是表姐的相亲对象时，那段欢乐的时光便消失得无影无踪。沐阳垂头丧气地下楼，看见楼底的吴祥，无奈地摇摇头。

“她当真不愿再见我了？”吴祥迫切地望着她。

沐阳只是摇头。她不知道该怎么告诉他，表姐已开始相亲，她怕他伤心，吴祥眼神瞬间黯淡下去。就像萎了的香青菜，支撑着卷曲的身子。

天空没有一丝云彩，灰气低低地浮在空中，沐阳觉得憋气不舒服。她跟在他的身后，穿过江北八路、裕安街，最后来到客运中心站。

“沐沐，以后一定要乖。”他苦笑却假装无所谓。

沐阳重重地点了点头，就像告别自己的高中时代一样，跟眼前这个人挥手道别，却始终不愿说再见。看着他的背影，她竟落泪了。

沐阳以为吴祥不会再回来，她时常梦见他，梦见那些跟在他们身后的碎片时刻。偶尔，她看他空间动态，没有更新，始终没更新。她不敢问，没了表姐这个中介，好像跟他联系完全是莫名其妙。

这样的时间持续了两个月，夏末秋初，北方的天气依然风沙肆虐，漫天的黄沙侵袭着这个城市的每一个角落。在这样毫无希望的日子里，吴祥的电话不约而至。

沐阳不相信地揉揉眼，吴祥的声音便在耳边响起：“我到车站了。”

沐阳细细打量他，高而瘦，细碎的刘海垂在眼前，衬衫很白，笑起来很好看。第一次，她这般仔细看他。

“看什么看？”吴祥反倒被她盯得不好意思了。

“你跟我姐和好了？”她凑近他，一脸坏笑。

“没……”他尴尬地笑笑，“不是答应教你溜冰？”

沐阳默默低下头，温暖蔓延至十八岁少女的心，她的生命自此开辟出一片新的世界，从此开始有了小秘密。

走进偌大的溜冰场，他去柜台要来两双溜冰鞋，将小的单排轮滑在前后方向上有四个轮子的一双递给她。她接过，心里有些许紧张。

沐阳几乎是扶着吴祥的胳膊走进溜冰场的。他向她伸手，她有点害羞，浅笑着伸出手。

“好，站稳啰，放松，脚呈外八字慢慢移动就好……脚不要用力抬高……嗯，对，就是这样。”他耐心地一步一步教她。

说完他做了个示范，脚一滑便冲进场中间，他动作协调有力，在冰面上轻快地飞驰，仿佛一只飞燕在紧贴地面飞翔。

沐阳鼓足勇气，移动右脚，慢慢向前滑，可没滑多远，身体开始失衡。她急忙去抓围栏，身体更加不听话地要倾倒，最后挣扎无果直接跟地面来了个亲密接触。

吴祥伸出的手显然没有起到任何作用。沐阳仰头看他，突然很想笑：“真慢！”

吴祥也笑，却不语，然后，深深地看了她一眼。但那眼神仅是一闪而过，而后他拉着她起身。

从溜冰场回来后，沐阳就一直异常安静。她不再像从前那样嘻嘻哈哈，常常坐在小区亭子里，很久很久都不发出一丝动静。有时候母亲喊她好几声，她才突然从梦中惊醒似的起身慢悠悠地走进家门。

沐阳到底还是没学会溜冰，吴祥自此从未走进溜冰场一步。

开学前一晚，沐阳打开水龙头，洗碗池里的洗洁精泡沫拼命朝外挤，心里堆起的莫名情绪一涌而来。吴祥的短信也在此刻到来，“对不起，我想以后都没有机会教你溜冰了。”

沐阳什么也没有说，却莫名地难过，她安慰自己总有人会教的。那个时候，她还不知道，那些难过不过是因为她以为永远也不会和吴祥联系了。

十八岁，沐阳还没学会如何面对自己的心，还不知道原来真的会有一个人，能让自己辛苦演戏，假装成最好的听众。

大学的日子真的变得忙碌而充实，铺天盖地的活动和满校园的情侣都显得那么寻常。闲暇时沐阳开始跟着室友用 YY 拍戏，在小圈子里如鱼得水。

那天沐阳被拉着去扮演古装剧中女主倾尘，戴上耳机便听到熟悉的声音，沐阳一怔，竟忘了开口。

“阳光，该你了，阳光……阳光……”耳机里传来提醒之声。沐阳瞬间回过神，看着电脑张口。

倾尘：【温柔虚弱】王爷，此话当真？

南宫城：【激动】倾尘！你……你醒了！

倾尘：【恍若未闻】王爷刚刚说要和我一起隐居山林可是当真？

……

十分钟后，配音结束，沐阳加“南宫城”为好友，第一句话就是：你还好吗？

沐阳等了很久，没有任何回复。第二天用 YY 时才听出，那并不是吴祥，只是配音时的声音相似。

“我朋友说你声音很耳熟。”“南宫城”欢快的声音在耳边响起。

“是吗？他叫什么名字，没准真认识呢！”沐阳翻着书半开玩笑道。

“吴祥，外号祥子。”

沐阳手一颤，翻开的书瞬间合上。心底就像一股细小的逆流被迎面的巨浪拍散，碎成大大小小的泡沫，原来记忆并没有随时间消失。她还记得他，即便三年里没有任何联系。

那年的七夕，表姐新婚，吴祥从大门悠然而入，沐阳坐在贵宾席惊讶地睁大双眼。她没想到他会来。

宴席散后，她礼貌地上前，黑发及腰，笑意浅浅，她怀着一颗扑扑直跳的心，站在他身前，对他说：“嗨，好久不见。”

“哇，变成大美女啰。”他笑着调侃她，一点也不生分。

起初只是礼貌客气的寒暄，不知不觉聊到表姐，沐阳心口一紧，不知该如何聊下去。

“她能幸福真好。”他看着远处说。

二十一岁的沐阳不会像十八岁那样，追问他：你还爱她？她只是轻轻说了一句：“我们都会好好的。”这话不知是安慰吴祥，还是安慰自己，总之听起来显得那么惆怅。

日子如平淌的溪流，说不上有什么，只是多了平凡的相伴。吴祥自那次敞开心扉面对过去后，对沐阳简直是无话不说。

如果不是吴祥元旦的邀约，沐阳觉得他们之间也许就永远是安静、琐碎、平淡无奇的交流。

在热闹的大排档，吴祥剥掉坚硬的虾壳，露出白白的虾仁，轻轻放进她碗里。沐阳对海鲜过敏，可那一刻，她只觉得温暖漫至心脏，只一口，不会有事的，她安慰自己。于是，她轻咬一口，真好吃，她想这大概是这辈子吃的最好吃的东西了。

最后，她竟不觉间吃掉了大半盘。他看着她一脸浅笑，手里的最后一只虾落入她碗里，她皱皱眉，肚子实在装不下去，然而看见他的笑脸，她一咬牙还是吃掉了那只虾。

第二天一早，沐阳看着镜子里满身红点点的自己，懊恼半刻竟笑了起来。母亲在洗手间外喊："赶快洗好去医院。"

沐阳应了一声。她想，她该开花了，香青菜虽然抽薹开花晚，但终究要开花。

"你不知道吧？我一直喜欢你。"沐阳第一次大胆地表明自己的心迹，她觉得再不说出来，她就要憋坏了。

"我知道。"那边很快回复。

沐阳只慌张几秒，便生了气，这么多年，他竟然悉知她的心事，却这般假装不懂。想来只有不喜欢才如此不在乎吧？

沐阳不敢再说话，那边也没了任何动静。她以为，这场暗恋很快就要结束了，她在充满中药味的屋子发呆，久久不愿起身。

晚上她躺在床上，身上痒痒的，她忍住不去挠，那感觉真糟糕，明明想去触碰，却始终不敢，害怕一接近会更难受。吴祥跟这红点点毫无差别。她打开手机，翻看信息，一条一条看完，六年，507 条信息，493 条都是关于表姐的，真悲哀。

那晚沐阳做了一个很长很长的梦，梦里没有表姐，只有她和吴祥，但从头到尾他都只是匆匆往前走，她想赶上他的脚步，不料他却越走越快，最后消失在尽头。沐阳睁眼，感觉自己很冷很空，像枯了的香青菜，可明明一月是它的茂盛期。

沐阳是被电话铃声吵醒的，她迷迷糊糊拿过电话放在耳旁，“你在家吗？”

“我在。”她迷迷糊糊地答。

“那好，十分钟后我到你家楼下。”

沐阳感觉声音熟悉得不能再熟悉，拿过手机一看，望见屏幕上“吴祥”两个字，顿时睡意全无。

沐阳匆匆洗漱下楼，他站在她的对面，无比真诚而担忧地看着她。下一秒，他像风卷落叶一般将她抱到怀里。

“你怎么不早告诉我你对海鲜过敏？”他似是埋怨但言语却充满了心疼。

“因为是你剥的虾。”沐阳喃喃地说。

“姑娘，你是不是傻啊？”他放开她，刮刮她的鼻尖，开玩笑地说。

其实傻瓜，也是不一样的，因为是你，才会温暖。

很久之后沐阳才知晓，如果不是表姐的透露他们大概都没机会在一起。如果不是表姐看破了她的心思，他怎么会知道她那么喜欢他，又怎么会发现，原来，有个姑娘不知不觉已经在心底好多年。只是，他们都不敢轻易吐露自己的心声，不敢正视这份感情。

当香青菜终于绽放，看到等待自己的是阳光，它一定会散发出芳香四溢的甜蜜味道。